30代から地元で暮らす

幸せのUターン転職

江口勝彦
EGUCHI KATSUHIKO

幻冬舎MC

はじめに

「子育てがしやすい地元に戻ろう」
「親が高齢になってきたからそろそろ面倒を見ないと」
「都会の生活にも疲れてきた……」

30代になると結婚や親の介護、子どもの誕生・進学、マイホームの購入などのライフイベントを迎え、都会から地元に戻るためUターン転職を考える人が増えてきます。しかし、Uターン転職希望者のなかには途中で転職を諦めてしまう人も少なくありません。希望年収に合った、経験・スキルを活かせる転職先が、地元ではなかなか見つからないからです。

実は、Uターン転職希望者の多くが地元企業について正しい情報を十分に得られていいません。そもそも大手の転職エージェントや大手の転職サイトで希望の職種や年収などを入力して検索しても、東京本社の支社、営業所採用の掲載が多く、高キャリアで高年収の人ほど自分に合う企業はなかなか見つかりません。そのため「自分の働ける会社は地元にはない……」と断念してしまいます。一方で、大手の転職サイトには掲載されていないだけで地方でも魅力的な条件でUターン人材を歓迎する企業は多く、希望どおりの転職先を見つけた人もいるのです。

このように途中でUターンを諦めることなく満足のいく転職を叶えるためには、二つのポイントを押さえておく必要があります。一つは、「ジョブ型」と「メンバーシップ型」に大別される雇用システムの違いについてです。ジョブ型とはすでに仕事やポジションが用意され、そこに当てはまる人を採用するものです。外資系企業やコンサルティング会社、IT企業など、大都市の企業が取り入れています。

一方で地方企業の多くは、ポストよりも採用したい人物を重視し、その人に合う仕事やポジションを割り振っていくメンバーシップ型で採用しています。そのため、Uターン転職専門エージェントは地方企業へどういう人材が欲しいかについてヒアリングを重ね、潜在的な雇用を掘り起こし、人材に合わせて企業側が新しいポジションをつくるという採用活動を積極的に支援します。それによって大手の転職サイトでは絶対に検索できない求人を引き出し、希望年収や活躍できるポジションを企業側に用意してもらうことができるのです。

もう一つのポイントは、Uターン転職希望者が〝地元で生きていく覚悟やビジョンを明確にする〟ことです。今後の人生をどう生きたいのか、仕事を通してどうありたいのか――。人生の軸を明確にして自分自身を見つめ、夫婦や家族で話し合うことが重要です。そうすることで、Uターン転職後に「思ったとおりの働き方ができない」「田舎の生活よりも都会のほうが良かったかも……」などと後悔することがなくなります。

実際に、私は2010年にUターンを希望する求職者と企業をつなぐ人材紹介事業の会社を立ち上げて以降、特にこの二つのポイントに重点をおき、これまでに1400人超の転職を支援してきました。定着率は96％（入社後3カ月時点）に上ります。そのうち30代の転職は43％を占め最多です。

こうした実績を基に本書では、30代に向けて納得できるUターン転職の方法を具体的な事例を交えながらお伝えします。今のキャリアや生活レベルを維持・向上させながら活躍できる場所が地元にもあります。幸せになるためのUターン転職を叶えるうえで、本書がその道標となれば光栄です。

30代から地元で暮らす　幸せのUターン転職　目次

［第3章］ Uターン人材を獲得したい地方企業はたくさんある

地元でも希望年収を確保し、キャリアアップすることは可能

［第4章］　将来設計なきUターン転職は失敗する！
キャリアデザイン、価値観を明確にすることが大切

［第1章］

子育て、親の介護、ワークライフバランス
30代で訪れるUターン転職を
検討するタイミング

30代で地方転職を考える人が増えている

Uターンというと、以前は定年退職した人が出身地に帰って老後をのんびり暮らす隠居生活のようなイメージが強くありました。しかし最近は若い世代でUターンを検討する人が増えており、特に30代でその割合が高くなっています。

地方移住をしたい人への情報提供や相談を行っているNPO法人ふるさと回帰支援センターの利用件数は、2008年～2017年の10年間で約2500件から約3万3000件へと13倍に急増しているのです。また、2008年には50代以上が7割を占めていましたが、2017年には40代以下が7割を占めるまでになっています。なかでも30代の利用率の伸びが顕著です（「2017年の移住相談の傾向、ならびに移住希望地域ランキング」NPO法人ふるさと回帰支援センターニュースリリースより）。

50代以上の地方移住は大半が退職後のセカンドライフを想定しているものと考えられますが、40代以下では転居先でも働くことが前提となります。このデータだけでは地方移住希望者のうちUターンがどれくらいの比率かまでは分かりませんが、いずれにしても若い世代で都会を離れて地方へ転職したい人が増えていると見て間違いありません。

30代は人生設計を考えるライフイベントが目白押し

私はUターン転職希望者の支援事業をしていますが、クライアントの転職動機や転職理由をヒアリングしていくと、ほとんどの人がライフステージの変化をきっかけに転職を考え始めたと答えます。

30代は結婚や子どもの誕生、マイホームの購入、子どもの小学校入学などのライフイベントを次々に迎える時期に当たります。特に大きいのが子どもの誕生です。子どもが生まれることで6年後には小学校入学、12年後には中学校入学というように、時間軸をはっきりと意識するようになるからです。

そしてこのタイミングで多くの人がこのまま都会で子育てするか、故郷に帰って子育てするかの選択を考えることになります。都会と地方の比較では、主に次のような項目が検討事項として挙げられます。

・**教育環境としてどちらが良いか**

都会は大人が暮らすには便利で良いのですが、子どもの成育環境の観点で見たときにやや不安が残るという意見が多いです。その理由としては、都会は地方と比較すれば緑が少なく子どもを安全に遊ばせられる公園や山や海などの自然環境なども限られることが指摘されます。

・**都会なら私立受験、地方なら公立進学**

また大都市圏は私立の小学校に進学する子どもが多く、そのため早いうちから受験勉強をすることになります。これに対して地方は私立小学校のない地域や少ない地域が多く、公立の小学校に進学するのが一般的です。

中学・高校への進学についても地方と都会は事情が違います。都会では進学率の良いトップ校は私立に多いですが、地方では公立がトップ校である場合が多いのです。そのため地方育ちの人たちは私立への受験に違和感や抵抗感を抱きがちです。

・夫婦だけで子育てが可能か

今は共働きの夫婦が多く、自分たちだけで子育てすることに不安や大変さを感じる場面も多くなっています。育児休業や産前産後休業の制度も日本ではまだ十分ではありません。男性が取得しにくい風潮があることはもちろん、女性も取得によってキャリアが切れてしまい復職がスムーズにいかないなどの問題が散見されます。ベビーシッターや保育所、預かり保育などを利用したとしても、月に何万円も費用が掛かります。

共働きの30代夫婦の多くはお互いに働き盛りです。そうしたなかで子どもが熱を出した、ケガをしたとなれば、夫婦のどちらかが仕事を途中で抜けたり休んだりして対応しなければなりません。どちらが休むかでケンカになることもあれば、共働きをやめて専業主婦（主夫）になるかを悩むこともあります。

妻が「なんで当たり前のように、いつも私が会社を休むことになってるの？　私たち二人の子どもでしょ？」と不満をこぼすと、夫は会社が忙しいからと言い訳をして、妻が「私だって責任のある仕事をしているの！　忙しいのはお互い様でしょ！」と大爆発するというのは共働き夫婦においてよくある一例です。

・マイホームをどこに構えるか

子育てに加えて、マイホームをどこに構えるかということも30代の多くの人が直面する問題です。都会は家賃や駐車場代なども高く、交際費やレジャー費なども地方より多く掛かる傾向にあり、都会暮らしのマイナス点を感じやすくなります。

このように一つひとつ考えていくと、「都会にこだわる必要はないのでは？　むしろ、地元に帰って自然の多い環境で子育てするほうがいいかもしれない」とか「地元には両親もいるし、子育てのサポートが得られれば安心して働ける。子どもにとっても家族が多いほうが幸せではないか」と、地元に戻る選択肢が魅力的に見えてきます。

自分の幼少期に温かい家族の触れ合いや友達と楽しく過ごした原体験がある人ほど、地元回帰の気持ちが膨らんでいくものです。このほか長男や一人っ子などの場合は家の跡取り問題もあって、地元へ帰る選択をより強く意識します。

今の仕事を続けていくのかを考える時期でもある

30代といえば大学を卒業して就職してから約10年が経つ頃です。20代は仕事を覚えて自分で動けるようになるのに必死で、先々のことまではまず気が回りません。しかし10年も経つと、部下ができ仕事の幅も広がってきて、自分や周りのことが見えてきます。

自分が社会人になるときに思い描いていたキャリアが築けているか、社内でこのまま出世していけるのか、今の働き方でずっとやっていけるのか、10年先20年先に何が待っているのか……。それらを冷静に考えたとき「転職するという道もあるのではないか」「自分の可能性を試してみるのも悪くないのでは」という考えが浮かぶのです。

そして転職先の候補に挙がるのが大きく分けて都会か地元かです。都会の転職なら年収アップ、キャリアアップはできそうですが、一方で地元の企業は情報が少なく、転職後のイメージをうまく描くことができません。転職を意識してはじめて、地元にはどんな企業があるのかと思い、ネットなどで調べだす、というのが最初のきっかけとして多いようです。

大きな災害・経済危機をきっかけに人生を考え直す人も

Uターン転職は、大震災やリーマンショック、コロナショックのような景気の落ち込みがあると希望者が増えるという傾向もあります。２０１１年３月に発生した東日本大震災のときもそうでした。

私は甲信越（山梨・長野・新潟）、北陸（富山・石川・福井）、群馬を拠点としてUターン転職の支援事業をしていますが、震災が落ちついてきた頃に「家族はやっぱり近くで暮らすのが良いと考えるようになった。実家の近くに引っ越すので、地元で仕事を探したい」といった相談を受けることが増えました。

今般の新型コロナウイルスも、多くの人にUターンを考えさせるきっかけになっています。外出自粛のために離れて暮らす家族に気軽に会いに行けない人も多くいます。また、通勤時の満員電車で感染リスクを冒すことへの恐れやリモートワークの普及で出社を問わなくなってきたことなどが、地元に帰ろうという気持ちを後押しする要因となっています。特に小さな子どもがいる家庭ではその傾向が強いようです。

実際、感染症拡大を受けて2020年4月以降は東京圏からの転出が増えており、同年7月には転入者より転出者が増える転出超過を2013年7月以降初めて記録しました（総務省「住民基本台帳人口移動報告2020年〈令和2年〉結果」より）。

子どもの小学校入学が一つのターニングポイント

このまま都会暮らしを続けるか、Uターンするか決断するタイミングとしては、結婚して小さな子どもがいる人の場合は子どもの小学校入学前が一つの大きな節目となります。小学校に入学してしまうと、子どもの交友関係や教育の一貫性などの問題でそうそう簡単には転校ができないからです。

子どもを保育園に通わせる年齢になると、どうしても周囲のママたちがどこの小学校を受験するか、どこの塾に通わせているかと聞いてきます。そうすると「うちの子も塾や習い事に通わせたほうがいいだろうか」「都会では私立の小学校でないと後れをとってしまうのかもしれない」と思えてくるものです。

その一方で「こんなに小さいうちから勉強させなくても……」「小学校までは勉強以外の遊びもたくさんさせたい」という思いが頭をもたげてきます。地方出身者は公立に通うのが一般的なので、自身が小学校受験を経験していないためです。そうなると必然的に

「子どもをどこの小学校に通わせるか」が夫婦間の議題となり、引っ越しや転職は小学校入学までに決めることになります。

また、子どもが生まれるまでは賃貸住宅で暮らし、小学校入学をめどにマイホームを購入するというケースもよく聞きます。その場合も、今住んでいるあたりでファミリー向けの家を探すか故郷で探すかを決めなくてはなりません。第一子が6歳未満ということは、親の多くは30代くらいです。こうした理由から30代になるとUターン転職を考える人が増えるのです。

地方の若者は7割が県外へ進学、そのまま就職

都会と地方、どちらが子どもの成育にとってベストかと考えるとき、地方出身者は自分の成育歴と照らして地方を選択する傾向があります。そもそも地方出身で大学進学のために上京して来た人たちの多くは学力が比較的高く、地元では偏差値の見合う大学が少ないために都会に出て来たという背景をもっています。

地方で偏差値が高い人たちが志望する地元大学といえば国公立くらいしかありません。しかし、必ずしも地元の国公立大学に志望する学部や学科、有名教授がいるとは限らないので、どうしても大都市の大学へと流れます。交通の便が良く、遊ぶところもあって刺激の多い大都市のほうが若者には魅力的に映るため、首都圏や大阪などの都会に出てくることになるのです。

地方育ちの若者のうち、どれくらいの人が進学をきっかけに都会に出て行くかというと、新潟県では約7割、長野県では8割が県外に進学しています。

文部科学省の学校基本調査を基にした都道府県別の高校から大学への自県進学率をみても、38県で進学者の半数以上が県外に流出しています。8割以上が流出しているところも11県あります。

また、偏差値の高い大学を出ていれば就職にも有利に働きやすく、収入的にも恵まれている場合が多くなります。エリートの男性にはエリートの女性が話題や生活レベルが合いやすいので、夫婦そろってキャリア組でバリバリ共働きしているという例もよくあります。

実際に私のクライアントにも都内の大手企業やベンチャー企業など自分の力を試せる仕事を選んでいる人がたくさんいて、30代男性で年収600万~800万円超、夫婦共働きで世帯年収1000万円超というケースは非常に多いです。早くに部下をもってバリバリ活躍している人やグローバルな仕事をしている人、会社のエースとして期待されている人などが少なくありません。

そういう人たちは、幼児のうちから必死に受験勉強などしなくても人並み以上の進学・就職ができたという成功体験をもっています。そのため、自分の子どもも、わざわざ都会で受験競争に参加させるより、地元で伸び伸び育てて心も体も元気に成長してほしいと考える傾向が強いのです。私のクライアントも地方の公立高校から都会の大学へ進学し、都会で就職したあと、Uターンして来る人たちが大半です。彼らの転職の理由や動機を掘り下げていくと、自分が育ったように、わが子にも祖父母が近くにいて、自然豊かな環境で育ってほしかったからという声を頻繁に聞きます。

実家近くに住めば両親のバックアップがあるのも魅力

子育て世代が地元に帰ることのメリットの一つに、実家にいる両親の子育て参加が期待できることがあります。子育ては人手があるに越したことはありません。育児をよく分かっていて、孫を愛してくれている自分の両親ならサポート役として最適です。

実家から親を呼びよせて世話してもらう手もありますが、親も都会暮らしは慣れませんし、地元での人付き合いやお墓を守る必要などもあったりします。そう長くはいてもらえないとなると、親を呼ぶより自分たちが向こうに行ったほうが環境もいいという流れになっていきます。

私のクライアントにも、Uターン転職して実家の近くに住んでいる夫婦がたくさんいますが、自分たちが不在の間でも両親が子どもを見てくれるので安心して仕事に集中できるという意見が多いです。

例えばこんなケースがありました。東京にいた頃は子育てとの両立で妻がパートタイムの仕事しかできませんでしたが、Uターンしてからはフルタイムで働けるようになったというケースです。この夫婦の場合、転職によって夫の年収は1割程度下がりましたが、妻の収入が増えたことで東京暮らしの頃より世帯所得としては増額しました。

さらに、夫からこんな話も聞きました。東京にいた頃は妻からたびたび「もっと積極的に家事や育児を手伝ってほしい」「私だってもっと仕事がしたい」と不満をぶつけられることが多かったといいます。ところが、妻の地元に転居してからは子育てのヘルプ先が増えて負担が減ったり、同年代の地元のママ友との子育て情報の共有ができたりすることで妻が穏やかになり、子どもにも良い影響が出て自分もストレスが減ったというのです。

仕事に集中できる、何かあったときに子どもの対応を任せられる人がいるということは、家族みんなの平安につながるのだなと思わされた事例です。

将来の親の介護にも対応できる

Uターン転職の動機のなかには、将来の親の介護も含まれています。

親が体調を悪くして看病や介護が必要になってから慌てて転職・引っ越しをするよりも今のうちから親元で暮らしておけば、いつ何があっても安心です。本人が30代ならその親は60代くらいなのでまだ元気といえば元気ですが、健康の不安や将来の生活の心細さもだんだん出てくる年代です。

また、親が70代80代になると、子ども世代は40代50代で年齢的に転職も難しくなります。それなら若いうちに転職してしまったほうが、後々のキャリア構築を考えても有利だという判断です。

ワークライフバランス実現への期待

都会で忙しく働いてきた人にとっては、地方に転職することで少しゆっくりできるのではないかという期待もあるようです。

都会は人も企業も集中しているので、どうしても競争社会になってしまいます。「同業他社に負けないように」「職場の同僚に負けないように」という思いが、本人の望む・望まないに関係なく心にあるはずです。そのため、残業や休日勤務が当たり前になっている人も多いのだと思います。

それに比べて、地方は時間の流れがゆっくりしているように見えます。車社会なので毎朝満員電車に詰め込まれるストレスもありません。企業も人も過密ではないのであくせくしておらず、マイペースに働けそうに思えます。

地方移住や田舎暮らしを提案する本などを見ると、古民家に住んでのんびり畑仕事をしたり、蕎麦打ちをやったり、休日は山登りに出かけたりと悠々自適な生活をしている人を紹介していることが多いので、そのイメージが強いのだと思います。

このイメージが現実に照らして必ず正しいとはいえないのですが、Uターン希望者が抱いている憧れの一つとして、故郷に帰ればそういう生活が待っているのではないかという期待感が間違いなくあると思います。

「今の働き方で定年まで続けられるとは思えない。もっと自分らしい働き方を探したい」「子どもも生まれたから、仕事だけでなく家族の時間も大切にしたい」という思いからUターン転職を考える人もいます。

豊かな環境、伸び伸び子育て、両親のサポート……Uターン転職への夢は膨らむ

地方は子育てに適した環境があり、受験競争にもまれることなく大らかな育児ができま

す。また、通勤のストレスがなく、リフレッシュできる自然も都会より身近にあります。家族に何かあったときの対応も誰かの手を借りやすく、親と同居すれば家賃や生活費を節約することも可能です。また近居であっても子育てや生活面でずいぶん助けられます。

なにより、自分が生まれ育った故郷に帰る安心感があります。人間にも帰巣本能があるといわれているので、故郷を懐かしく感じ、生まれたところに帰りたいと思うのは自然なことです。

［第2章］

収入やキャリア、家族の暮らしへの影響……Uターン転職を踏みとどまらせる不安要素

なぜ、Uターン転職がうまくいかないのか　よくある6大要因

多くの人たちがさまざまな動機や理由から30代でのUターン転職を希望し、実際の職探しを始めます。ところが、思ったようにはうまく転職活動が進まず断念する人や、転職はしたものの失敗して後悔する人が後を絶ちません。

Uターン転職には、越えなければならない課題がいくつもあるからです。正しい情報と手順に従って進めればいずれもクリアできるのですが、それを知らないと挫折したり諦めたりしてしまうリスクを孕んでいます。

単身でのUターン転職なら失敗してもリカバリーが効きますが、家族を連れてのUターン転職で失敗すると、再び都会に戻ってやり直しをするにも、また引っ越しや転校などのハードルがあって困難を極めます。

希望どおりのUターン転職を叶えられない要因は大きく6つあります。

一つめは、自分の地元にどんな企業があるのか情報がつかめないことです。上場企業が

非常に少なく、ほとんどが非上場企業のため企業情報が公開されていません。求人情報も公にしていない会社も多くあるのです。

二つめは、自分の希望に合う働き口が見つからないというケースです。大手の転職サイトで検索しても、一件もヒットしないというのは「Uターン転職のあるある」です。

三つめは、自身のなかで転職理由が明確でないために漠然とした転職活動となり、面接で失敗しがちなことです。

四つめは、今の仕事がキツく地方であれば楽な仕事ができるだろうという動機でUターン転職をしようとしている場合です。採用する企業側も「前の会社が嫌なので地元に戻って来た」と言われても困ります。

五つめは、妻または夫、地元にいる両親などから反対されているケースです。家族の同意が得られないと、本人の希望だけではなかなか実現しにくいものです。

六つめは、Uターン転職はしてみたものの、理想と現実のギャップから後悔したり、うまくいかなかったりするケースです。

これらのうち一つでもあると幸せなUターン転職は遠ざかっていきます。失敗を回避するためにも、一つひとつの要因について掘り下げて考えてみます。

① 地元の企業情報がない

Uターン転職をしようとする人の最初のアクションに職探しがあるわけですが、「自分の地元でどんな働き口があるか」と考えるとほとんど思い浮かばないという人が大半です。

それもそのはずで、大学進学で都会に出た場合18歳で故郷を離れています。10代の頃は就活などまだまだ先の話ですから、どこにどんな企業があるかのアンテナを普通は立ててはいません。

思いつくのは親が勤める会社か、銀行、役所、医師や教師などの業務独占資格職、チェーン展開している小売業や飲食業、あとは新潟でいえば亀田製菓、長野ではセイコーエプソン、富山ならYKKのように知名度の高い一流企業くらいです。中小企業となると、ほとんど知らないのではないかと思います。

実家の両親や地元で暮らす友達などに聞いても、同じような企業の名前しか出てこず有益な情報にはならないことが予想されます。本当は地方にも業績の良い中小企業や魅力的な会社はたくさん存在するのですが、大手企業のようにPRをしたり、大手の転職サイトに採用広告を出したりするわけではないので、なかなか表に情報が出てきにくいのです。

そのため、最初から「うちの地元なんて大した働き口がない」という諦めモードで転職活動をスタートすることになります。そして、インターネットでざっと地元のハローワークや自治体がやっているUターン支援サイトなどをさらってみても、これといった企業がヒットしないのでその認識が強くなってしまいがちです。

② 今の収入、職種、ポジションへのこだわり

多くの転職希望者は、リクルートやマイナビなど大手の転職サイトや大手転職エージェントに会員登録して詳しく仕事検索しています。

希望の勤務地、年収、職種、雇用形態などの条件を入力して検索をかけますが、年収やポジションなどがハイクラスの人ほどヒット件数が少なくなります。例えば「年収800万円以上、社内SE、管理職」といった条件は都会なら何社もヒットするのですが、地方になると検索結果がゼロ件ということも珍しくないのです。複数の大手転職サイ

トに登録してみても似たり寄ったりの情報しか出てきません。

大手の転職エージェントならサイトには出ない耳よりな情報をもっているかもしれないと期待して相談してみても、「ご希望の条件では難しいですね。都内ならたくさん紹介できるのですが……」と返されるなど、あまり成果は見込めないことが多いです。

こういう場合、Uターンが目的なので勤務地については地元以外に譲れませんが、年収や役職などはどこまでこだわるか悩ましいところです。

仮に年収を600万円にすればヒットする可能性が出てきますが、200万円も少なくなると今の生活レベルは維持できないと考えて候補から外してしまうケースが多いのです。

社内SEの管理職という仕事についても、地方企業で情報システム専門の部署が社内にあり管理職を必要とするほど人員を多く抱えているところは多くありません。地方の中小企業では社内情報システム系の仕事は首都圏や地元のIT企業に外注していたり、内勤が必要な場合も外部から派遣を受けていたりするケースが多いからです。

かといって、ずっと社内SEをやってきた人が営業職なら採用があるからと職種変更することは容易ではありません。私もたくさんのUターン転職の相談を受けてきましたが、ここで行き詰まって職探しを一旦保留したという人も少なくありません。情報量の多い大手転職サイトや転職エージェントで見つからないならほかで探しても同じと考えて、とりあえず待つ選択をするのです。

「そのうちエージェントから連絡がくるだろう」とか、「子どもの入学まではまだ時間があるから、とりあえず希望条件の転職先が出てくるまで待ってみよう」と待機しても結局いつまで経っても案内メールが届かないのです。

いよいよ子どもが学齢に近くなり焦って転職活動を再開するものの、やはり希望する条件では転職が難しく、困って私の会社に相談に来る……というパターンが往々にしてあります。

③ Uターン転職の理由や動機が漠然としている

なぜUターン転職をするのか、Uターン転職によって何を叶えたいのか、転職に当たって譲れない条件は何なのか、自分のスキルや特性を使ってどのように企業に貢献していきたいのかといったビジョンが明確でない場合も職探しは難航します。

年収や職種などの条件が合う企業が見つかっても、面接でこれらの質問をされたときに答えられなければ不採用となってしまいます。

あなたが面接官で、転職希望者になぜUターン転職するのか聞いたとして、「ワークライフバランスを大切にしたいからです」「休みやプライベートを充実させたいから」という答えが返ってきたとしたら、きっと疑問をもつはずです。プライベート重視もいいが、うちの会社で仕事に打ち込んでくれるのかと不安を感じてしまいます。

ワークライフバランス重視で自分や家族の時間を大切にしたいなら、企業への就職ではなくフリーランスなどもっと別の働き方を考えたほうがいいという話にもなります。地元に帰りプライベートを充実させたいという思いも、動機としては間違ってはいないのですが、企業側が聞きたいのはその先のもっと深い仕事観や人生観にまでつながるような転職動機です。

仕事に対する自身のスタンスやUターンを考えるに至った人生観まで、深い部分の動機や理由を自分の言葉で語り、相手に説得力を感じてもらうには、自身の内面の掘り下げがとても大事になってきます。この部分が浅い人は企業にとって魅力的な人材には見えないので、高確率で不採用の通知をもらうことになってしまいます。

④ 今の仕事からの逃避

今の仕事がつらいので転職したい、職場の上司と折り合いが悪いので辞めたい、忙し過ぎるのでペースダウンしたいなどの転職理由も、企業側からは嫌われます。

地方にある会社だからといって楽な仕事は一つもありません。むしろ地方には事業承継や業態転換を試行錯誤している企業も多いため、優秀な戦力を求めています。できれば一人で二人分、三人分の働きをしてくれるコストパフォーマンスの高い人材が欲しいのです。

地方中小企業がUターン転職者を歓迎し積極採用している理由は、都会の企業で腕とセンスを磨いた人材なら、新卒採用で何人も採用するより即戦力になってくれると期待するからです。

それを地方に転職すればのんびりできると思われては、企業側も期待外れです。「うちの会社のために汗を流す覚悟のない人に来てもらっては困る」と、不採用にするのは当然です。

ちなみに私の経験から言えることですが、特に都会の仕事で疲れて地元に帰って来た独身者は、単身で身軽なこともあり、しばらく地元にいて元気になると再び都会へと逆Uターンして行くケースが多いです。このパターンは一時的な羽休めとしてのUターン転職であり、成功といえるのかというと疑問が残ります。

⑤配偶者など家族からの強い反対

自分はUターンを希望していても家族が反対するケースもあります。意見の食い違いや価値観のぶつかり合いが起こりやすい夫婦の組み合わせとしては、一方が地方出身者で、もう一方が都会出身者である場合です。

典型的なケースを挙げると、夫は地方出身で、東京の大学に進学し都内で就職しました。妻は生まれも育ちも都内で小学校から大学まで私立の一貫校、結婚後も仕事を続けていました。二人は大学のサークルで知り合って結婚し、妻の実家の近くで暮らしていました。

子どもが生まれ将来設計を話し合うなかで、夫が自身の地元にUターンすることを提案しました。夫は長男なので、いずれは地元に帰りたいと思っており、そのことは妻にもそれとなく話していました。

しかし、いざUターンの話をすると、妻は大反対しました。二人目の子どもも欲しく、子育てするには東京の実家の近くがいいというのが大きな理由です。

夫は、自分の実家にも両親がいて近くに妹夫婦も住んでいるので、Uターン先でも育児のサポートが受けられると主張しますが、妻としては夫の親兄弟より肉親のほうがいいと考えていました。

子どもの進学についてもお互いの考え方にはズレがありました。

夫は自身の体験から私立小学校受験には前向きになれませんでした。「私立なんて贅沢だ。二人目を産むならなおさら、お金が掛かるので公立学校にすべき。学力も生活環境もさまざまな子が集まる公立のほうが、幅広い視野をもてるだろう。大学受験は塾に通わせればいいし、高校に入ってからの頑張りが勝負だ」という意見です。

一方、妻は受験を前提に子どもに習い事をさせていました。「受験して小学校から私立の一貫校に入れたほうが、周りも学力や生活レベルが高いので、自分の子にとって良い環境に違いない。一貫校では受験対策も学校でしてくれるので、大学進学にも有利になる。

私自身も一貫校で良かったと思っているから間違いない」という意見です。

夫は改めて自分は長男なので家を継がないといけないと言いましたが、妻には実家の近くに妹さんがいるのだから将来のことは任せておけばいい、子どもにも仲良くしている友達がいるから、引っ越しはかわいそうだと言われてしまいました。

こうなると話は平行線です。どちらかというとUターン転職のリスクを冒すより、すでにある今の生活を守っていきたいという妻のほうが優勢かもしれません。


また、夫が地方出身者で地元に帰ろうとしたところ、実家の両親から帰って来なくていいと言われてしまいUターンを断念した例もありました。

「この年になって孫の世話や同居のストレスを背負うくらいなら、夫婦だけでやっていきたい。老後資金もあるし、ゆくゆくは有料老人ホームにでも入るから帰って来るな」ということでした。

こう言われてしまっては帰るに帰れず、結局そのクライアントは東京で暮らすことを選択しました。

配偶者や両親の反対を押して強行にUターンしても家族仲が悪くなるだけで、幸せな結果にはなりにくいものです。配偶者と子どもを残して単身でUターンする例もありますが、それが家族にとって幸せな形かは答えが分かれそうです。

⑥ 理想と現実とのギャップ

転職そのものはできたとしても、地方暮らしに理想や良いイメージばかりをもっている人は、現実とのギャップに戸惑いこんなはずではなかったと後悔することになりがちです。

地方暮らしというのは、都会よりも自然に近く大都市の競争社会から離れてゆったりと生活ができそうですが、実際にはそういうキレイごとばかりではありません。

地方の中小企業ではUターン人材に対する期待が大きいので、都会にいた頃よりも責任のある仕事を任されることがあります。また人材不足のためにみんなが協力しながら人員の足りないところを補い合っていることも多いため、専門以外の仕事を頼まれることも増えます。都会暮らしの頃よりむしろ忙しく働いている人もいるのです。

そういう心構えのないまま転職すると、給料は変わらないのに仕事が増えたなどと不満を抱くことになり、うまくいきません。

また自分が10代までを過ごした時代と、10年以上を経た今とでは、やはり人や街は変わります。自分自身のものの見方や価値観も当時とは変わっているはずです。

例えば都会では隣人との縁は薄いことが多く、隣に住む人がどこに勤めていてどんな生活をしているかはあまり気にしません。しかし、田舎に行くほど人間関係は狭く濃くなります。

近所の人がどこから引っ越して来たのか、どこの会社に勤めているのか、旦那があの会社であの年齢なら年収はいくらくらいだろうとか、奥さんは東京出身らしいとか、子どもは何歳でどんな子なのか……といった情報がほぼ筒抜けです。「田舎の噂は高速インターネットより速い」という笑えないジョークもあります。

いい意味では人と人との結び付きが深いといえますが、ネガティブな言い方をすれば詮索や干渉が気になるということです。

近所や会社の同僚と付き合いをするうえでの地元ならではの暗黙のルールがあるなど、

人間関係に悩むというのはよくある話です。特に都会から地方について来た配偶者のほうは、何かと勝手が違うので戸惑うことが増えます。配偶者が地元になじめないことで夫婦関係がギクシャクしたり配偶者が心身に不調をきたしたりするようなことがあれば、幸せなUターン転職とはいきません。

ビジョンなき転職活動は失敗に終わりやすい

単に故郷に帰りたいとか地元で働きたいというだけでは、家族を説得できないし、本当に自分に合った仕事とも出合えないものです。転職活動の成果が出ない、転職してもうまくいかないという場合は、ここで挙げた6つの要因のどれが当てはまっていないかを点検する必要があります。

Uターン転職というのはただの転職とは違い、自分にとっても家族にとっても大きく環境が変わります。生活や人生が変わるときというのは、大きなストレスが掛かってきます。ストレスを無視して前に進めば、そのときは何とかなっても後々歪みとなって表面化し、自分や家族を苦しめることにもなりかねません。引っ越しうつや転職うつというのが現実にあります。

　どうしても避けられないストレスもありますが、可能な限りストレスは避け、家族全員笑顔で「Uターン転職してよかった」と言いたいものです。どうしても転職先の収入などの条件に関心が偏ってしまいがちですが、本当に大事なものは、転職したあとのビジョンや人生設計にあるのです。

［第3章］

Uターン人材を獲得したい地方企業はたくさんある 地元でも希望年収を確保し、キャリアアップすることは可能

Uターン転職実現のための8つのステップ

Uターン転職希望者は実際に転職活動をするに当たり、次のような1～8のステップを経ていきます。

ステップ1　自己理解

自己理解とは、自分の強みは何かや自分が勤務することで会社にどういった付加価値を提供できるか、なぜUターン転職が自分にとって必要なのか、といったことを自分自身で理解することです。

なぜ自己理解が重要かというと、自分のことが分からないと本当に自分に合った会社や仕事を選ぶことは難しいからです。また、会社に対して自分が魅力的な人材であることをアピールすることもできません。

本来は最初のステップとして自己についての情報収集をし、自己理解を深めるべきなのですが、ここを飛ばしていきなり自分の外側にある情報（転職先や引っ越し先の情報な

［図表1］　転職活動

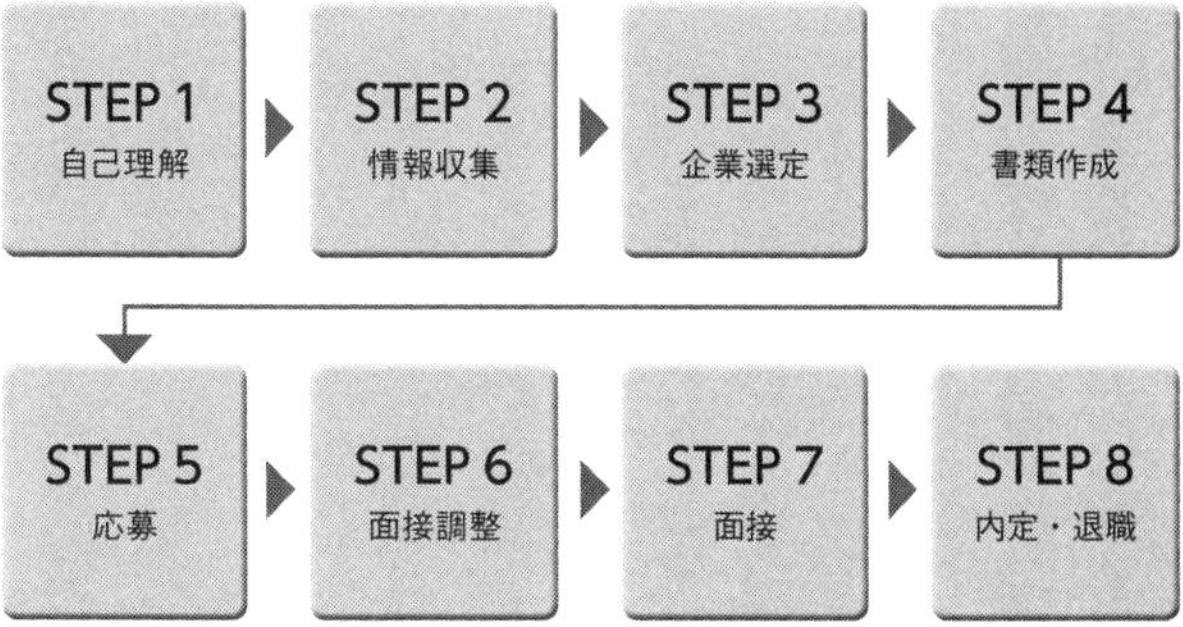

ど）を収集し始める人が大半です。

自己理解が浅いままの転職活動は、たとえ希望どおりの転職先を見つけて面接に漕ぎつけても、面接官のお眼鏡に適わず不採用をもらう可能性が高いです。一度不採用をもらってしまった会社とは二度目のチャンスはありませんから、ここと思った会社は一発で決めなくてはならないのです。そのためにも、最初のステップとして自己理解を丁寧にしておくことが不可欠です。

ステップ2　情報収集

一般的な転職とUターン転職の差が最も出るのが、ステップ2の「情報収集」です。

情報収集には大きく分けて転居先の生活関連情報と、リクルート情報があります。

・生活関連の情報収集

転職活動は自分だけでするものではなく、家族との話し合いが大事です。

特に生活関連の情報収集は夫婦で話し合い、役割分担できるとスムーズに進みます。転居の予定地では、スーパーや病院がどこにあるのか、子どもがいる家庭では保育園や学校、習い事に通いやすいか、どこまでが通勤可能範囲かなどを事前に確認します。

家賃、通勤時間、物価などは各自治体が出している地域情報サイトなどで調べることができます。自分の出身地であれば、ある程度の土地勘や物価の値ごろ感は分かっているので失敗は少ないかもしれませんが、故郷を離れている間に変わったこともあるはずです。最新の情報は、地元に住んでいる家族や友達、また地元の転職エージェントなど可能な限り幅広く生の情報を聞いておくと安心です。

・リクルート情報の収集

失敗しやすく情報収集にコツがいるのが、リクルート情報です。

地方の中小企業では企業情報や採用情報がインターネット検索では出てこないことも多

いため、いかに情報収集するかが運命を分けます。どこにアクセスすれば情報が分かるか、誰に聞けば情報をもっているかを賢く見極めて、自分で情報を取りにいかなくてはなりません。

しかしながら多くの場合、ハローワークや大手の転職サイトや転職エージェントでの職探しに終始し、条件に合う求人がヒットしなくて諦めがちです。

募集があっても年収が下がることを嫌がって応募しない人もいます。また、反対に働き口が少ないのだから、選り好みをするような贅沢は言っていられないといって、条件の良くないところに焦って転職してしまう人もいます。

地方にも働き口はあり、条件の良い会社もたくさんあります。それを見つけられずに失敗や妥協をする人をたくさん見てきました。効果的な探し方を知ることで、この問題はクリアできます。

ステップ3　企業選定

いくつかの候補が見つかったら、自分が最も働きたい会社や自分に適した職場はどれかを選定していきます。

その際のポイントがいくつかあります。

・**事業内容**……産業分類による業種ではなく、実際にその会社が何をやっている会社なのかを把握します。ひと口にサービス業といっても、誰にどんなサービスを提供する会社なのか、どうやって利益を得ているのかは会社ごとに違います。顧客が法人と個人では仕事をする相手も仕事の内容もまったく変わってきます。

・**優位性**……その会社の強みは何なのか、将来的にその強みは維持できるのか、同業他社はあるのか、競合他社との違いは何なのかなどを見ます。

・**企業文化**……会社の理念や社風も働くうえで重要です。会社の雰囲気は実際に社内に行かないと外側からは分かりにくいですが、その会社に知り合いがいればヒアリングするほか、転職エージェントに尋ねてみるなどの方法があります。

・**会社の規模や将来性**……現在の会社の規模だけでなく、これから成長していく会社なのか、成熟した事業フェーズの会社なのかなど、事業のライフサイクルのどの段階にある会社なのかを見ます。創業間もない会社と、成熟した会社、老舗でもバトンを引き継いだ若社長が二度目三度目の成長期を目指して新たなチャレンジをしようとしている会社とでは、求める人材が違います。自分が描きたいキャリアと企業の求める人材のギャップがないかを確認します。

・**業務内容や待遇**……仕事を通して自己実現することを目指します。転職できればどんな仕事でもいいという考え方はなしです。求人票に書かれている給与面や福利厚生などの条件面も大事ですが、その仕事をすることで自分はどんな成長ができるのかといった視点でも仕事を意識することが大切です。

・**リスク**……その会社のリスクは何か、そのリスクが1年後5年後10年後にどうなっているのか、リスクヘッジはできているのかなどを見ます。特にベンチャーやスタートアップでは、軌道に乗る前に失速してしまうこともあります。

・自分のキャリアとの整合性……まったくの異業種・異職種にチャレンジするのも若いうちはありです。しかし、30代以上になるとゼロキャリアから始めるというのはリスクが高いと感じるかもしれません。今のキャリアを高めていきたい場合には、現職とのつながりや接点があるかを確認します。ステップ1の自己理解が十分でない人は、ここでミスマッチを起こしがちなので要注意です。

ステップ4～ステップ6　書類作成・応募・面接調整

ステップ4～ステップ6は一般的な転職と同じです。応募する企業ごとに、求人内容とのマッチングの適正や自身のアピールポイント、職歴、資格などを履歴書や職務経歴書に記入し、応募をします。また、転職エージェントを活用した場合はエージェントから企業への「推薦状」で応募者のPRを手助けしてくれます。

ステップ7　面接

Uターン転職の面接では「なぜUターン転職をするのか」「Uターン転職によって何を叶えたいのか」「採用後の働き方やキャリアのビジョン」などを必ず聞かれます。ここでステップ1の自己理解が活きてきます。

地方企業、特に中小企業ではUターン人材に対する期待値が非常に高いです。その期待に応えられる人材であることや、転職への熱意などを自分の言葉で語れるようになっておく必要があります。

自分の内面を文章化したり、面接を想定した質疑応答のシミュレーションをしておいたりすると、語るべきことが整理されて効果的です。

ステップ8　内定・退職

一般的な転職の場合は、次の会社がすぐに見つかることが多いです。しかし、Uターンの場合は転職先の選定や自身の身の回りの整理などで、1年～数年じっくり時間を掛けて準備をする人もいます。

また、すぐに転職したくても求人が見つからない場合もあるため、今の仕事を継続しながら転職活動をするのが基本です。内定がもらえた時点で退職をすることで、離職の空白期間をつくらないようにします。

「どうせ地元にキャリアを活かせる仕事なんてない」から転職活動が始まる

Uターン転職で最もつまずく人が多いのが「情報収集」や「企業選定」のステップです。転職活動の入口でつまずくと先に進めないため、まずはここをクリアする必要があります。

そもそも地方に転職する人たちの意識の根底に、「地元に期待していない」というのがあります。どうせ自分のキャリアを活かせる求人なんてないという諦めモードからスタートする人が多いのです。

もっと率直にいうと、都会でバリバリ仕事をして人からも頼られるポジションにいた人にとって、地元にはまともな仕事が一つもないというのが正直なイメージです。

私も転職セミナーなどで参加者に、「あなたの地元で知っている企業を10社挙げてみてください」といった問い掛けをすることがありますが、たいてい有名どころの企業が数社挙がって終わりです。中小企業になると絶望的な認知度です。

例えば、東京で出版社に勤めていた編集者が故郷にUターン転職しようとする場合に、名前を挙げることができる出版社は多くありません。地方でも活躍している出版社はありますが、まず会社名を知りません。それに、「飲食店のクーポン雑誌やタウン情報誌を作っている零細企業」といった認識で、広告を取って来るのが主だろうから自分がやりたい仕事ではないと思ってしまいます。

自分の今の仕事や経験をそのまま活かせる職種をUターン先でも探そうとするので、求人はなかなか見つかりません。そのため、どうせ地元に自分の仕事なんてないと悲観的になってしまうのです。

地方企業の求人票は大手転職サイトには集まりにくい

自分のキャリアを活かせる仕事がないという問題は、大手の転職サイトしか利用していない人に起こりがちです。

「地方×転職」「県名×転職」のキーワードで検索して求人サイトを上から見ていき、求人情報が多く集まっていそうな有名どころのサイトに会員登録して条件検索をしてみるというのがおおよその流れです。

しかしながら、大手の転職サイトは30代からのUターン転職にはあまり向いていません。

大手転職サイトの情報提供の方法は、全国にいるクライアント企業から上がってくる求人票を集めて、サイトに掲載するという仕組みになっています。当然、掲載料を多く払ってくれる企業や人気の高い有名企業や一流企業、全国に支店があって大量募集をする企業などの求人票を大きく扱うことになり、小さな企業の求人は埋もれてしまいます。

地方企業のほうでも大手サイトに掲載するには費用面の負担が大きく、掲載しても応募が来ないなどの空振り感があってなかなか利用できないという事情があります。

つまり大手サイトに地方企業の求人情報がないわけではないのですが、母数がかなり少なくなってしまうのです。

さらに、大手は基本的に年収、勤務地、雇用形態などの条件でしかマッチングしません。会員が入力した条件と外れているものは自動的に候補から外されてしまうため、たくさんの候補のなかから少数を絞り込むには便利です。しかし、候補の母数がもともと少ないなかで、さらに振り落とされていくと、検索結果がゼロ件になってしまうことも出てくるのです。

大手の一社がだめでもほかの大手なら違う求人票があるかもしれないと期待して、複数のサイトに登録する人は一定数います。しかし、どこも仕組みが同じで、出てくる情報もよく似ています。

大手の転職エージェントはどうかというと、確かにサイトには出ない非公開の求人情報ももっています。また、求職者の条件に合わせて詳細な検索もしてくれます。しかしながら、基本的に大都市圏にあるエージェントは扱っている求人票も大都市圏の企業のものが多いため、地方への転職は手薄になってしまいます。今都内で働いていて、同じ都内で転職したい人と地方へ転職したい人、どちらが多いかといえば圧倒的に前者が多くなります。転職エージェントもニーズの高いほうに力を入れますから、どうしても地方の転職相談は難しくなってしまうのです。

こうした背景を知らないと、転職先が見つけられない場合、「これだけ情報が集まっている大手で探して全滅なら、これ以上探しても無駄だろう」「やっぱり地元には働き口がないんだ」と思って諦めてしまうケースが多いのです。

大手の地方支社だからといってUターン転職に強いとは限らない

大手転職エージェントには地方支社をおいているところもあります。そういう大手の地方支社なら地元の転職に強いかというと、そうともいえません。求人情報は東京本社で集めたものが地方にも供給されるので、扱っている情報は基本的にあまり変わらないからです。

どちらかというと、県内で紹介できるのはこれだけだが都内なら年収アップができるところも多いとか、新幹線であれば通勤も可能などと言われてしまうことが多いです。東京は雇用のマーケット自体が巨大で人材を惹きつける磁力が強いので、おのずとそういう話の方向になってしまいます。

そもそも都内の転職なら年収800万円の人が900万円や1000万円に昇給する転

職先も複数あります。エージェントは転職が成功すれば年収の30％を報酬として受け取れるので、９００万円の転職を成立させれば２７０万円の売上になります。

一方、地方への転職では年収が下がることもあるので、仮に６００万円のところに転職をさせたら報酬は１８０万円です。経済合理性を考えたときに、都内の企業と地方の企業のどちらに力点をおいて紹介したくなるかは明らかです。

これは大手が利益主義だからだめという話では全然なく、そういうビジネスモデルなのです。大手が提供する転職サービスのおかげで、多くの転職希望者が迅速かつグローバルに職探しをすることができます。

大手には大手の良さがあり、地方の小さなエージェントにはそれなりの良さがあります。要は目的に応じて使い分けることが大事だという話です。

地元特化型の転職エージェントにはお宝が眠っている

大手転職エージェントの強みが、情報量が多いため大都市での職探しが効率的にできる点なら、地方の小さなエージェントの強みは地元に特化した職探しができる点と、地元に眠っている求人ニーズを掘り起こすことができる点です。

地元に特化しているというのは、地元の求人票を多く扱っているという意味です。私の会社の場合でいうと、クライアント企業の9割が地元に本社をおいています。全国的な知名度はなくても、知る人ぞ知る優良企業も少なくありません。

眠っている求人ニーズを掘り起こすというのは、表には出てこないけれども潜在的にある求人を見つけて来ることです。キャリアコンサルタントが地元の企業を1件ずつ回って、どこの会社がどういう人材を欲しがっているかをリサーチします。あるいは「こういう人材がUターンしたがっているのですが、御社ではお役に立てませんか?」というように採用をもちかけて、雇用そのものを創り出すこともあります。

地方の中小企業では常に人手が足りないのですが、それが常態化していることもあって求人票を出していないところも実は多いのです。仕事が回らないほどの人材不足なら当然求人票を出しますが、今のところなんとか回ってはいるので求人票までは出していないことのほか、出したものの応募がないというケースもたくさんあります。

そういうところの社長に話を聞くと、良い人材がいたらいつでも採用したいのでうちの会社に合いそうな人がいたら紹介してほしいといった、ざっくりとした希望を言われる場合が多々あります。そうした眠っているニーズを掘り起こすのが、地方特化型エージェントの得意分野です。

地方の小さなエージェントがどこも私の会社と同じやり方をしているかは分かりませんが、Uターン転職に実績のあるエージェントなら、おおむねこれに近いやり方をしているところが多いのではないかと思います。

このように、実は大手には出ない求人というのが地元にはたくさん埋まっているのです。「大手を探したのにない」のではなく、「大手しか探さないから（本当はあるのに）ない」というのが真実です。

地方企業は「メンバーシップ型雇用」が主流

雇用システムは、まず大きく分けて「ジョブ型雇用」と「メンバーシップ型雇用」があります。ジョブ型雇用とは、職務内容を記載した「ジョブディスクリプション」が先にあ

［図表２］　メンバーシップ型の日本企業

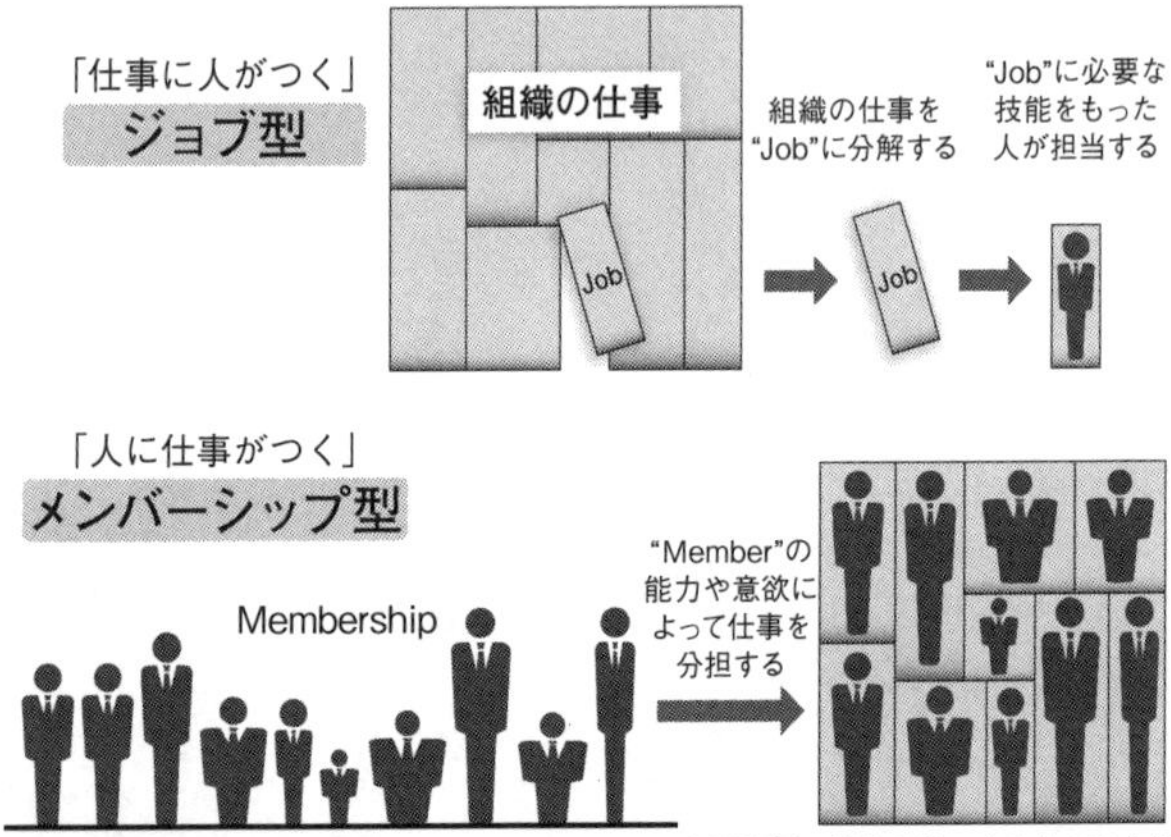

メンバーシップ型は人間関係がベースとなるため、人間関係の構築支援・立ち上がり支援が大事。長期観察による評価を行う。

り、そこに当てはまる人を採用するやり方です。

例えば、ある会社で営業部長のポストが空いたとすると、営業畑を歩んできた人で管理業務もできる人材を募集します。基本的に定められた職務以外の仕事や配置転換はないので、その道のスペシャリストになっていきます。ジョブ型雇用はもともと欧米を中心としてグローバルに行われてきたもので、日本では外資系企業やコンサルティング会社、IT企業などが取り入れています。

これに対してメンバーシップ型雇用は、まず採用したい人材が先にいて、その人に合う仕事や役職を当てはめていくやり方になります。人物を重視して雇用をし、部署異動や転勤などを繰り返しながら、会社からの長期観察を前提にキャリアアップをしていきます。さまざまな仕事を経験することで、幅広い知識や経験をもつジェネラリストになっていきます。

最近でこそ大都市ではジョブ型雇用の企業も増えてきましたが、もともと日本企業はメンバーシップ型雇用で、今でも新卒採用はメンバーシップ型雇用で行われています。

地方企業もほとんどがメンバーシップ型雇用です。

中小企業の社長が「良い人がいたら紹介して」と言うのは、メンバーシップ型雇用の典型例です。そもそも地方の中小企業では、管理職や専門分野のエキスパートといったポストに当てはまる人を雇用したくてもピッタリの人材が集まりにくいのです。そのため、ポストにとらわれず能力の高い人を採用して、その人ができる仕事を割り振っていくことでいろいろな経験をさせて適性を広げていくという人材育成が行われています。

Uターン人材の獲得を狙う地元企業の採用パターンとは

メンバーシップ型雇用が多い地元企業において、Uターン人材の採用には「ジョブ・ハンティング」と「ジョブ・クリエイト」の2パターンがあります。

定期的にエージェントがクライアント企業を回って、経営者や人事担当者から今後の事業展開の計画や欲しい人材のイメージなどを情報収集します。そうして表には出ない求人のストックを集めておきます。

Uターン転職をしたいという求職者が現れたら、その人がどの会社に合いそうか、希望条件やキャリア、人柄などを見てストックのなかからマッチングをします。

先日も、東京の貿易会社で働いていた人がUターンすることになりました。海外向けの通販もやりたいと言っていた社長に「こういう人材が転職先を探しているのですが、海外展開の計画は今もありますか?」という話をしたら、見事にマッチングが成立しました。

こんなふうに、企業側から求人票が出てくるのを待つのではなく、こちらから働き掛けて求人をハンティングするのが「ジョブ・ハンティング」です。

もう一つの「ジョブ・クリエイト」は、雇用そのものを創り出す（クリエイトする）方法です。

これも実際にあった例ですが、都内でシステムエンジニアをしている人材がUターンするというので、ある会社の社長に話をしたら、「その人が来てくれるなら、社内にシステム部門を新設して迎えるよ」と言って、即決で採用が実現しました。

ジョブ型雇用の転職活動しかしてこなかった人にとってはそんなマッチングの方法があるのかと驚くかもしれませんが、地方ではこちらがむしろ当たり前で、特に「ジョブ・クリエイト」の成功例は私の会社では多いです。

地元企業に日頃から何度も足を運び、経営者や人事担当者との太いパイプがあればこそ、実現できるベストマッチングです。

大手ではできないオンリーワンのマッチング

先日も名古屋から新潟に転職したいというクライアントが来ました。どうして私の会社を知ったのかと聞いたら、某有名エージェントの名古屋支社で職探しをしたが、担当してくれたキャリアコンサルタントが「うちでは紹介できる転職先がない」と言って、私を紹介したそうです。このクライアントは私の会社でサポートし、無事にあるベンチャー企業で転職が決まりました。

この経験から、やはり大手には大手の、私の会社には私の会社の特性があるのだと改めて実感しました。大手は私の会社のように、企業を1社1社回ってニーズをハンティングしたりクリエイトしたりといった面倒くさいことはやっていられません。大量の情報を集めて迅速にマッチングするというのが、大手に求められる使命です。

私の会社の場合はそれとは逆に、地道に企業と関係を築いて大手ができないサービスを埋めていくことが存在意義にほかなりません。私はこの両者の特徴を「大手は回転寿司チェーンでうちは寿司職人」というふうに例えて社員たちに話しています。

大手はＡＩを駆使してオートメーションで売上を出していくスタイルで、一定のクオリティーで多くの人を満足させられます。私の会社は一人ひとりの腕で売上を出していくスタイルで、アナログですが人間味のある丁寧なマッチングが提供できます。

つまり、どちらが優れている・劣っているということではなく、それぞれにターゲットとする客層が違い、ビジネスモデルが違うのだということです。

「年収や生活レベルを下げたくない」が強過ぎると転職活動は難化

転職活動のステップ3の企業選定では、転職後の年収の問題が大きなネックになります。年収を下げたくないとか生活レベルを落としたくないという思いは、どのクライアントにもあります。これはUターン転職だろうが都会での転職だろうが変わりません。

ただ、都会は転職先が多くあるので年収維持やアップは比較的簡単にできます。そもそも都会で転職する理由は、キャリアアップか年収アップのためであることが多いのです。それに対して、地方は転職先が限られます。給与の設定も都会よりは相場が低めの企業が多いです。そのため地方に転職した場合、収入額そのものは下がる可能性もあります。

地方への転職によって年収がどう変化するかを調べたデータ（中小企業白書2015年「UIJターンを伴う転職による年収の変化」）を見ても、その傾向は明らかです。

［図表３］ UIJ ターンを伴う転職による年収の変化

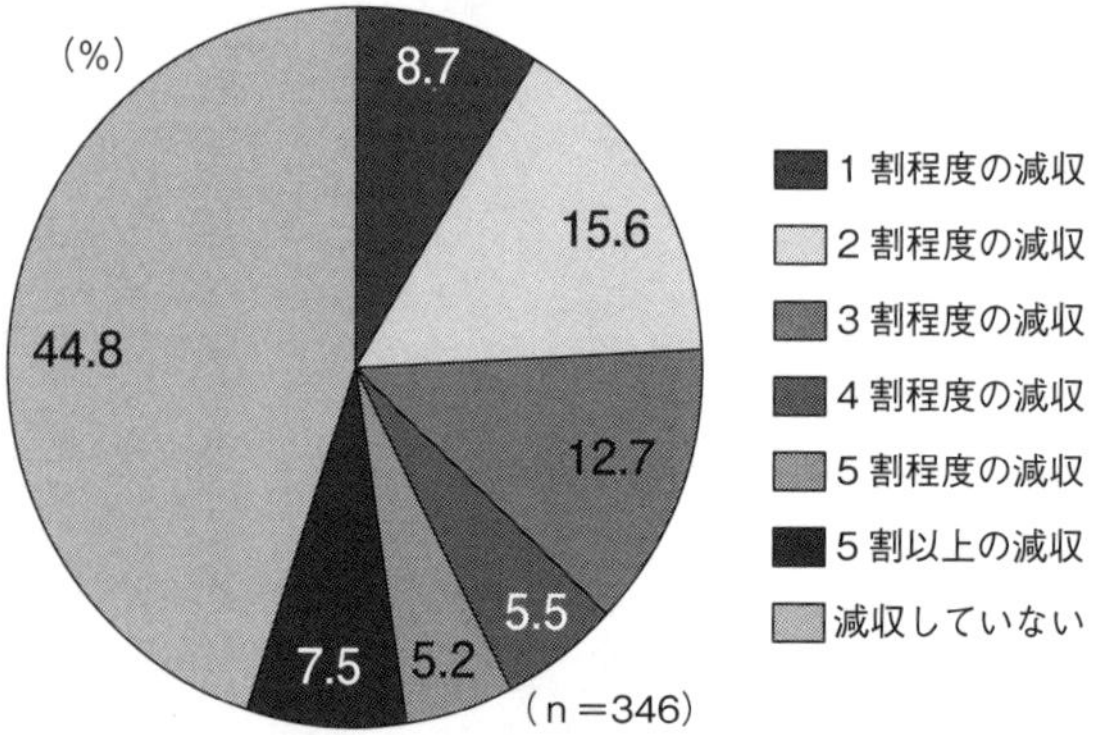

出典：中小企業庁委託「中小企業・小規模事業者の人材確保と育成に関する調査」（2014年12月、㈱野村総合研究所）

図表3によると、過半数が減収となっていますが、減収の程度は1割減～5割以上減まで幅があります。また、「減収していない」という人も44・8％を占めています。

転職したからといって必ず減収するわけではなく、半分とはいかないまでも、現状維持および年収アップの可能性もあるということです。

減収でも満足度高めなのが地方転職の特徴

年収の考え方で大事なのは、減収が生活の質の低下には直結しないという点です。私のクライアントにヒアリングしたなかでは、むしろ「年収は多少下がったが都会にいた頃より生活の質は向上した」「仕事もプライベートも充実した」という人が多いです。

リクナビの調査によれば、首都圏と地方の収入格差は最大で2割ほど地方のほうが低いとあります。

しかしながら、「今の年収に満足しているか」を見ると、北海道や東北、中国、四国で半数以上の人が「満足」と答えています。一方、年収の比較的高い関東や東海では「不満足」と答えた割合が6割以上を占めます。つまり、年収の高さと満足度は比例しないということがいえます。また、国土交通省の統計（図表4）によると、都道府県別の経済的豊かさで東京は最下位となっています。中央世帯とは、都道府県ごとに可処分所得の上位40％～60％の世帯を指します。基礎支出は「食料費」＋「（特掲）家賃＋持ち家の帰属家賃」＋「光熱水道費」の値です。

多少年収が低くても地方のほうが満足度が高くなりやすい理由としては、次の要因が考えられます。

[図表4]　都道府県別の経済的豊かさ（可処分所得と基礎支出）

可処分所得順位（全世帯）		可処分所得順位（A）（中央世帯）		基礎支出順位（B）（中央世帯）		差額順位（A－B）（中央世帯）		差額順位（A－B－C）	
1	富山県	1	富山県	47	大分県	1	三重県	1	三重県
2	福井県	2	三重県	46	宮崎県	2	富山県	2	富山県
3	東京都	3	山形県	45	沖縄県	3	茨城県	3	山形県
4	茨城県	4	茨城県	44	佐賀県	4	山形県	4	茨城県
5	香川県	5	福井県	43	鹿児島県	5	福井県	5	福井県
6	神奈川県	6	愛知県	42	長崎県	6	徳島県	6	徳島県
7	山形県	7	神奈川県	41	高知県	7	愛知県	7	新潟県
8	愛知県	8	埼玉県	40	熊本県	8	岐阜県	8	鳥取県
9	岐阜県	9	京都府	39	徳島県	9	岡山県	9	岐阜県
10	栃木県	10	新潟県	38	青森県	10	新潟県	10	岡山県
11	埼玉県	11	岐阜県	37	岡山県	11	山梨県	11	山梨県
12	長野県	12	東京都	36	和歌山県	12	鳥取県	12	長野県
13	島根県	13	長野県	35	福岡県	13	長野県	13	福島県
14	山梨県	14	徳島県	34	岩手県	14	福島県	14	愛知県
15	千葉県	15	山梨県	33	北海道	15	奈良県	15	秋田県
16	静岡県	16	滋賀県	32	福島県	16	滋賀県	16	岩手県
17	滋賀県	17	千葉県	31	鳥取県	17	香川県	17	島根県
18	徳島県	18	奈良県	30	愛媛県	18	京都府	18	佐賀県
19	新潟県	19	岡山県	29	香川県	19	秋田県	19	香川県
20	三重県	20	鳥取県	28	宮城県	20	佐賀県	20	滋賀県
21	福島県	21	静岡県	27	山梨県	21	岩手県	21	熊本県
22	石川県	22	栃木県	26	石川県	22	島根県	22	山口県
23	奈良県	23	秋田県	25	茨城県	23	埼玉県	23	京都府
24	秋田県	24	福島県	24	岐阜県	24	熊本県	24	石川県
25	広島県	25	広島県	23	島根県	25	山口県	25	静岡県
26	兵庫県	26	島根県	22	秋田県	26	神奈川県	26	奈良県
27	鳥取県	27	香川県	21	山口県	27	静岡県	27	栃木県
28	京都府	28	兵庫県	20	奈良県	28	栃木県	28	広島県
29	岡山県	29	山口県	19	三重県	29	石川県	29	宮城県
30	宮城県	30	岩手県	18	群馬県	30	広島県	30	鹿児島県
31	岩手県	31	石川県	17	長野県	31	宮城県	31	高知県
32	群馬県	32	宮城県	16	新潟県	32	福岡県	32	北海道
33	福岡県	33	群馬県	15	滋賀県	33	兵庫県	33	宮崎県
34	佐賀県	34	熊本県	14	福井県	34	千葉県	34	福岡県
35	山口県	35	佐賀県	13	山形県	35	群馬県	35	群馬県
36	高知県	36	福岡県	12	広島県	36	高知県	36	愛媛県
37	北海道	37	大阪府	11	栃木県	37	北海道	37	和歌山県
38	大阪府	38	北海道	10	愛知県	38	鹿児島県	38	埼玉県
39	熊本県	39	愛媛県	9	静岡県	39	宮崎県	39	兵庫県
40	愛媛県	40	和歌山県	8	富山県	40	和歌山県	40	大分県
41	長崎県	41	高知県	7	兵庫県	41	愛媛県	41	長崎県
42	和歌山県	42	鹿児島県	6	大阪府	42	東京都	42	青森県
43	鹿児島県	43	宮崎県	5	京都府	43	大分県	43	神奈川県
44	宮崎県	44	長崎県	4	千葉県	44	大阪府	44	千葉県
45	青森県	45	青森県	3	埼玉県	45	長崎県	45	大阪府
46	大分県	46	大分県	2	神奈川県	46	青森県	46	沖縄県
47	沖縄県	47	沖縄県	1	東京都	47	沖縄県	47	東京都

左記差額から更に費用換算した通勤時間（C）を差し引く

東京都は中央世帯で見ると可処分所得は高いが、基礎支出も高いため差額順位は下位になる。

出典：国土交通省「企業等の東京一極集中に関する懇談会 とりまとめ（参考資料）」(2021年)

・家賃が安く済む

第一に、都会より地方のほうが家賃が安く済む場合が多いことがあります。

新潟でいうと、ファミリーで住める2LDKや3LDKの家賃相場は月平均で5万円ほどです（2018年／総務省統計局「住宅・土地統計調査」より）。

また地価は新潟で最も栄えている新潟市中央区になると坪単価45万円ほどしますが、新潟市西区や東区では19万円台、長岡市でも15万円ほどと手頃です（2021年／国土交通省「地価公示」より）。

新潟市内中心部を除いて移動は車が基本なのでマイカーをもつことになりますが、ほとんどの物件で駐車場が併設されています。

・通勤のストレスが少ない

次に、長時間の通勤や満員電車のストレスが軽減します。都会では通勤時間が1時間なら短いほうで、1時間半や2時間掛けて通っている人のほうが多いかもしれません。地方では住む場所にもよりますが、マイカーで30分くらいが一般的です。

・自分や、家族との時間が増える

三つめとして、通勤時間が短縮することで、自分の自由に使える時間や家族との時間が増えます。

ワークライフバランスというと、「仕事もプライベートもほどよく」あるいは「プライベートを大切にする」というニュアンスが含まれます。しかし、Uターン転職で叶えるワークライフバランスというのは、「仕事も今までと同等もしくは今まで以上にやり、プライベートも充実させる」ことであると本書では定義します。

地方で働くことは都会で働くより仕事が楽というわけではなく、仕事はどこの企業も真剣勝負です。残業もあればノルマもあります。そういうなかでも、地方は仕事に集中できる環境が整いやすく、今まで以上に力を発揮できて心身が充実するうえプライベートを楽しむ余裕もできるという意味なのです。

・子育ての助けがある

四つめは、子育てのヘルプラインが多いことです。実家のサポートに加えて、地方では子育て世帯を県外から呼び込み永住してもらうために、施策として子育て支援をしている自治体が増えています。

例えば富山県では「とやまっ子子育て応援券」を発行しており、3歳未満の子どもがいる家庭を対象に第一子は1万円分、第二子は2万円分、第三子以降は3万円分の応援券が支給されます。

新潟県長岡市では「子育ての駅」という支援施設を開設しています。栄養士による育児相談や絵本の読み聞かせなど、年齢に合わせて利用できる催しがさまざま企画されています。

・ベストな仕事との巡り合い

五つめとして、Uターン転職によって自分が本来やりたかった仕事に出合うチャンスが広がります。

Uターンの場合は年収などの条件だけで転職先を選ぶのではなく、本人のキャリアや特性を活かせる転職先を業種の枠を超えて探すことができます。メンバーシップ型雇用でその人がいちばん力を発揮できる仕事やポストが与えられるため、充実した仕事ができる可能性が高いのです。

世帯年収におけるUターン転職のメリット

希望年収を設定するうえでは「自分らしく満足して暮らせる金額はいくらなのか」を把握することが大事になってきます。

都会の年収７００万円での暮らしと、地方の年収７００万円での暮らしは同じではありません。地方のほうが家賃や物価が低い傾向にありますから、同じ年収なら貯蓄や自由に使えるお金は都会に比べて多くなります。

それに加えて、同居もしくは近くに住む両親からのヘルプラインが期待でき、妻が正社員として働きに出ることも可能になります。夫婦がフルタイムで働けば仮に地方転職で夫の年収が下がったとしても妻の年収でカバーできます。

都会でワンオペ育児で働きたいけど働けない、できてもパートが精一杯という妻がフラストレーションを溜めながら家にいるより、地方で正社員として生き生き輝いてくれれば夫にとってもうれしいはずです。

［図表５］　年収ごとの手取り額

【パターンA：都会暮らし　※妻が専業主婦】

年収1000万円 → 手取り720万円

【パターンB：地方暮らし　※夫婦共働き】

夫の年収　500万円 → 手取り391万円

妻の年収　400万円 → 手取り317万円

手取り合計708万円

年収は100万円の差があるが、手取りの差はわずか12万円

もう一つ、年収を考えるときに大事なことは「支給額」ではなく「手取り額」を見ることです。手取り額とは、税金や社会保険料などを引いたあとに残るお金のことです。

例えば、都会暮らしで妻は専業主婦、夫だけの稼ぎで年収１０００万円の場合、手取り額は約７２０万円になります。この７２０万円で家賃や子どもの私立学費や塾代などを賄っていきます。

この夫婦が地方に転職して共働きをし、夫が年収５００万円、妻が年収４００万円になったとします。すると、夫の手取り額が約３９１万円、妻が約３１７万円で合計７０８万円となり、年収１０００万円のときと約12万円しか変わりません。

これは年収額が上がるほど高い税率が適用されて

天引きされる税額が大きくなるためです。

都会時代と手取り額は大差ないうえに家賃は安く、子どもが公立進学なら学費も多くは掛かりません。おまけに両親のサポートが付いてくるのです。そう考えると、地方のほうが余程ゆとりのある生活ができます。

年収は中期スパンで急増する事例が多数

都会と地方で中小企業の給与体系を比較すると、地方のほうが全体的に低く設定されています。そのため、Uターン転職直後は100万~200万円程度の年収ダウンは想定内です。しかし5年ほど経つと給与がジャンプするように上がり、都会と同程度あるいはそれ以上の水準になる事例がかなりの割合であります。

なぜスタート年収が低くなってしまうかというと、地方の中小企業では周りと足並みをそろえて悪目立ちしないというのが、その組織で円満に生きていくための処世術として重んじられる風潮にあるからです。

新しい人材を雇うとき、その人の給料をいくらにするかは経営者の裁量ですが、長年自社で働いてくれている社員の手前、その社員より高くはできないという事情が働きます。給与の額というのはその人物に対する会社（＝経営者）の評価なので、会社への貢献度からすれば当然長年の実績のある社員のほうを評価するべきで、新たな人材を特別待遇で迎えることは軋轢を生みます。

求人票に明記された給与額を見たり、会計事務担当者から「中途採用された新人がいくらもらっている」などの話が漏れたりすれば、すぐにその人材はやっかみの対象になり、会社にもいづらくなるかもしれません。

そのような配慮もあって、ベテラン社員が650万円もらっているならUターン人材は期待値を込めても500万円あたりが妥当なラインとなります。

ただし、Uターン人材は都会で鍛えられているぶん能力のある人たちが多いので、そのうち仕事で成果を出し社内でも実力が認められていきます。「やっぱり都会から来た人は違うね」「社長は良い人材を見つけてきたね」となれば、経営者も公明正大に昇進や昇給ができます。ですから、Uターン転職で年収が下がることは決して悲劇ではなく、誰もが通る関門だと思っておくべきです。

その証拠に、都内の有名私立大学を出て、都内の大手不動産会社に勤め、年収８００万円以上もらっていた30歳の男性がUターン転職し、４００万円ほどに大幅減収した例がありました。彼には年収よりも大事にしたいものがあったので減収はもちろん納得のうえでした。先日、彼に8年ぶりに会って近況を尋ねてみたら、転職した会社の子会社を任されて社長になっていました。

こんなふうに、力のある人は都会だろうと地方だろうと人望を集めて活躍し、要職にステップアップしていくものです。

だからこそ、転職直後の年収の額面だけで職選びをするのはもったいないと思います。

地方企業にとってUターン人材は喉から手が出るほど欲しい

若い世代のUターン志向が高まっている一方で、地方の中小企業でもUターン人材を採用したいというモチベーションは高くなっています。この傾向は全国的なもののようです。

リクルート社による「ＵＩターン人材活躍のセオリー～都市型人材を地方の起爆剤に～」という２０１６年のレポートを見ると、それが分かります。

まず地方の中小企業では「2社に1社は欲しい人材を集められていない」という現実があります。東京一極集中が進む一方で、地方の中小企業は苦労して人材を採用しても「中途採用の3割が3年以内に離職」してしまいます。つまり、地方企業は人材不足のマーケットから、限られた少数の原石を探し出すのに必死なのです。

私自身の経験から言っても、Uターン人材を面接・採用したことのある経営者はみんな「Uターン人材は優秀な人が多い。Uターンの応募は歓迎だ」と口を揃えて言います。

Uターン人材というのは、都会で活躍できる人たちがたまたま何らかの事情ができて地元に帰って来るわけなので、本来なら地元では手に入らなかったはずの人材です。それが幸運にも地元に来てくれるというなら、喉から手が出ます。

「このチャンスを逃したくない」「是が非でもうちの戦力になってほしい」と争奪戦になるのは必至で、新しくポストをつくってでも迎え入れたいという流れになるのです。実際に面接でUターン人材と会うと、身を乗り出して「うちに来い」「いつから来られるか?」と口説き始める経営者が少なくありません。

Uターン人材が実際に転職先でどんな活躍や貢献をしているかを見ても、「業績を高めた」が6割、「高い査定を受けている」「勤め先の期待に応えている」「周囲から一目置かれている」が4割と、いずれも地元人材より1割ほど高い値です。

また、新しいことに積極的に挑む傾向や、地元への愛があり地元の良さを知っている点も、企業から高く評価されています。

チャレンジ精神や地元の魅力・資源の発掘は、小さくまとまりがちな地方企業にとって、事業の縮小を回避し今後も生き残っていくうえで不可欠な要素です。それをUターン人材がもたらしてくれることに大いに期待しているのです。

Uターン人材を起爆剤に新展開を図る地方の経営者たち

地方では創業者である親から会社を継いだ二代目・三代目が多く活躍しています。

私は今の会社を起業する当初から稲盛和夫さんの経営塾で学んでいたのですが、新潟に在籍した約200名の経営者のうち30代で創業者というのはほとんどいませんでした。ほかの年代を見ても、家業を継いだ二代目・三代目ばかりでした。東京では若くしてベンチャーを起業している人がたくさんいますが、地方は違うのです。

創業してまだ若い企業と老舗企業とでは事業フェーズが違います。若い企業はスタートアップでどんどん成長し経営を軌道に乗せなくてはなりませんが、老舗の場合は成熟期に入っているので、いかに寿命を延ばすかが課題になってきます。

そういう老舗企業の後継者はみんな、移り変わる時代の変化のなかで先代がやってきた経営では生き残っていけないという危機感を募らせています。

どうやって会社を内側から変えるか、新しい活力を得るかと考えたとき、必要となるのが外部の遺伝子をもつ人材です。地元以外で腕を磨き、外の世界を知っているUIターン人材を採用することで、社内に異質な遺伝子を組み込み、自社の遺伝子とぶつけ合うことで新たな展開を起こそうとしているのです。

仕事のできる二代目・三代目は、都内や海外の企業に就職して、ビジネス感覚やグローバル水準の仕事を学んでから、自社にUターンして戻って来るというパターンが非常に多いです。外で武者修行して帰って来るイメージです。

外の世界を知る二代目・三代目が自身の右腕として欲しい人材は、やはり自分と同じように都会や海外の会社で働き、都会的なセンスやスピード、知見をもって仕事のできる人です。これは新卒採用では絶対に満たすことのできない、Uターン人材ならではの付加価値です。

新潟市に本社をおく会社の二代目社長、Tさんは東京大学出身で、新卒で外資系コンサルファーム会社に就職しました。さらに米国の一流大学大学院で学び、帰国後は大手銀行の勤務を経て40歳で家業を継いだという経歴の持ち主です。

地方にもそんなすごい社長がいるのです。

彼の会社は商社でありながら食品開発・製造も手掛けるメーカーでもあります。もともとは食品卸をやっていましたが、時代に合わせて業態を変えながら今のスタイルになりました。今後も業態が変わっていくことを恐れず、チャレンジを続けていきたいとTさんは考えていますが、そのエネルギーとなっているのが中途採用した社員たちです。

以前、Tさんは Uターン人材について次のように語っていました。

「私の会社は今、業態を転換していく時期にあり、それに伴う新しい分野への参入においては、中途採用した社員が大きな力を発揮してくれています。例えば、長く商社として歩んできた我々にとって、製造技術や設備についての技術的蓄積は十分ではありませんでした。このたび完成した新工場の建設計画を進めるうえで、専門知識をもった人材が必要でしたが、プロジェクトの進行過程で豊かな知識と経験をもつ2名が入社してくれたおかげで、すばらしい工場を完成させることができました。設備メーカーとの交渉の際にも頼りになり、よく、あのタイミングで当社に入って来てくれたと、今でも不思議に感じています」

地方の企業にとって、Uターン人材がいかに社内の活性化に役立っているかが分かると思います。

老舗企業が頑張っている一方で、新しい企業も頑張っています。

例えば30代のSさんは、東京で起こしたアプリの会社を生まれ故郷の新潟に移転してさらに大きくなろうとしています。

「起業して約10年経って余裕が出てきたので、今は新潟を元気にしたいというミッションで、地域や経済の活性化に関わっていこうと思っています。また、会社とは別に起業家やベンチャー企業が成功しやすくなるようなサポート活動も行っています。当社以外にも会社が増えていくことで、新潟に帰って来たい人が帰って来られるようにしていきたいんです」

と、Sさんはビジョンを語っています。

大好きな地元で雇用を創出し、志を同じくする仲間を集めることで地元を面白くしようという積極性が頼もしいです。地元にUターンしたいけれど地元には自分が輝けそうな勢いのある仕事はないと思っている人に、そうではない会社もたくさんあることを知ってもらえればうれしいです。

［第4章］

将来設計なきUターン転職は失敗する！
キャリアデザイン、価値観を明確にすることが大切

自己理解が浅い者はゴールを見失う

地方への転職では希望する条件に見合う働き口が見つかりにくいことがありますが、あれこれと条件を変えながら職探しをしているとどうしても軸がブレやすくなってしまいます。

そのうち、何でもいいから転職先を見つけたいと思うようになります。ずるずると条件を妥協していくことが出てきて、ふと気づくと自分は何がやりたかったのか分からなくなり、本来の望みとは全然違う目的地に着いていることがあるのです。

ゴールを見失うという事態は、転職の動機や理由の部分が弱い場合によく起こります。

損得勘定やその場の感情で転職しようとしていないか

また、損得勘定や憧れで地方に住もうとしている場合もゴールがブレやすいです。例えば、

「地元のリゾートマンションが安くて、年間２００万円くらいで住めるらしい。そっちに引っ越したほうがお得じゃない？　都会を離れてのんびり楽しく暮らそうよ」

「山が好きなので信州の田舎町に引っ越したい。週末はトレッキングしようと思っていま

す。残業がなく年間休日130日以上の良い転職先はありますか？」

こういう動機で転職相談に来られると、私のほうも「うちでは少し難しいですね」とお答えするしかありません。地方の企業が求めている人物像とはまったく違うからです。

どっちに住めばお得かで移住を決めたり、田舎暮らしへの憧れなどが優先されるケースでは、ほかにお得なものや面白そうなものが見つかれば簡単にそっちに気持ちが移ってしまいます。すると今の暮らしに満足できなくなり、転職したところで長続きはしません。

私が伝えたいのは地方移住や田舎暮らしのスキームではなく、もっと根源的な生き方、あり方の実現です。自分の人生をどうしていきたいか、自分はどうありたいかという己のテーマのために行うUターン転職こそが、自分や家族の幸せを叶えることができるのだと考えています。

人生を変えることになるUターン転職には覚悟が必要

これは私の会社独自の統計ですが、家族連れや40代以上でUターン転職して、再び都会に戻って行ったというケースは過去1400件超のなかに一件もありません。みんな覚悟をして、失敗のないように慎重に転職や転居をして来ているからです。

若い単身者では数人ですが都会へ戻ったケースがあります。いずれも転職先になじむまでのチューニング期間を乗り越える前に、「イメージしていたのとちょっと違った。やっぱり自分に相応しいポジションは都会にあるのかも」と言って帰って行きました。

彼らにとってUターンはいくつかある生き方の選択の一つで、そこまで必要ではなかったということだと思います。これを失敗と呼ぶかどうかは人によると思いますが、私は都会で生きる覚悟ができたという意味では、Uターン転職を試したことは彼らにとって決して無駄ではなかったと思っています。

とはいえせっかく地方に戻るなら、「都会も良かったけど、故郷で暮らすのはもっといいね」「Uターンできて幸せになれた」と言ってもらいたいと強く思います。仕事だけの成功ではなく、プライベートを含めた人生そのものを成功してほしいのです。

そのためには、やはり自分の根源的な生き方やあり方を見つめて、地元で生きるテーマを見つけていくことが必要です。

自分の生き方、あり方とは何かを突き詰める

根源的な生き方やあり方の意味というと哲学的に聞こえるかもしれませんが、これは決して難しくありません。素直にシンプルに、自分や家族のなりたい姿をイメージすれば必ず見えてきます。

多忙過ぎる都会生活では目の前の生活をこなすのに精一杯になってしまいがちですが、どう生きたいかという理想は本当は誰もが心のなかにもっているものです。人それぞれ形や大きさは違っても、これをもたない人は絶対にいません。

結婚や子どもの誕生、今後のキャリア構築などをきっかけに、立ち止まって心のなかの自分の声を聞き、「今の生き方でいいのか」「もっと自分らしい生き方があるのでは」と考え始めるのが30代の時期です。

私自身、自分の地元ではなく妻の地元へのIターンになるのですが、地方への転職を選んだ経験があります。

私の両親は二人とも長崎出身で、父は転勤族でした。仕事の都合で家族ごと各地を転々とし、途中から子どもたちの転校を考慮し単身赴任をし、最終的に両親は静岡に根を下ろすことを決めました。そんなふうにもともと土地に縛られることの少なかった両親ですから、私が結婚するときも「自分の好きなところで暮らしなさい」と言ってくれました。それで、私は妻の地元で暮らすことを選んだのです。

新潟で暮らすことを選んだ背景には、幼少期の転校や父の単身赴任で家族がいつも一緒ではなかった経験から、自分の子どもには、親の都合による転校もなく家族で一緒に過ごす時間をできるだけ多くもってほしいという思いがありました。

こんなふうに自分はこれを実現したいという強い思いがあれば、職探しでも「転勤のない仕事」「妻の実家からの通勤圏内」「子どもは公立進学なので年収はこれくらいでいける」などの軸が固まります。

採用面接での企業側の関心は「なぜ転職するのか」と「自社のメリット」

情報収集から企業選定までは、求職者の側が多種多様な求人のなかから企業を選ぶ立場にあります。しかし応募から面接の段階に入ると、逆に企業側から選ばれる立場になります。このとき大事になってくるのが自己PRです。

自己PRは自分の長所を並べればいいというものではなく、「企業が求める人材と自分はマッチしている」という点を分かりやすく伝える必要があります。

採用面接で企業側が聞きたいのは、大きく二つのポイントです。

一つはUターン転職したい理由です。この質問をすることで、求職者がどれだけ強い動機や覚悟をもって転職しようとしているのかを見ます。

もう一つは、求職者の強みは何かということです。あなたを採用することによって、自社に何をもたらしてくれるのかを知りたいのです。

この二点について説得力をもってしっかり語れないと、相手の共感や興味は得られません。

よくある面接の失敗談として、「なぜUターン転職したいのですか」と聞かれて、「ワークライフバランスを改善したい」と答えるパターンがあります。

ワークライフバランスという言葉は、ワークとライフの比率が半々とか、ワーク4でライフ6といった意味合いで面接官に伝わることが多いです。すると、仕事にあまり縛られたくないということだと思われて、不採用にされてしまいます。自社に何をもたらしてくれるのかが見えてこないからです。

企業がUターン人材を求めるのは、会社を大きくしたい、強くしたいという思いからです。「あなたがもっているすばらしいスキルやキャリアを見せてください！」とワクワクしているところに、ワークライフバランスを持ち出されると、途端に興ざめしてしまいます。

もう一つのNG回答として「地元を活性化したい」というのがあります。地元の活性化は地方ではどこも課題なので、地元を元気にしたいという思い自体は悪いことではありません。ただ、「では具体的にどうやって活性化するのか」と聞かれたとき、相手が納得できる具体的な答えが必要です。そもそも、地元に住んで地元の会社に通うことが地域活性化なのかについても考えが分かれるところです。

それで地域活性になるのなら、どの自治体もこんなには困っていないはずです。それなら転職するよりふるさと納税をしてもらったほうが地元の役に立つというものです。

つまり転職の動機や目的として、地域活性や地元貢献はあまりに漠然としていて具体性に欠けているのです。

どこかのテキストからお手本の答えを引っ張ってきたような、あるいは「地域活性と答えておけば、高い志があるように思ってもらえるだろう」というような表面的な回答に感じられます。

面接官はたくさんの人を見てきたプロなので、その人が本心で喋っているかや本気で伝えにきているかどうかというのは肌感覚で分かります。よそから借りてきた言葉や表面だけ繕ったきれいごとでは、到底納得させられません。

まずは自身のキャリアの棚卸しをする

自分の言葉で語るためには、「キャリアの棚卸し」を始めることが必要不可欠です。例えば、次のような内容を突き詰めて考えていきます。

・自分がこの先の人生をどう生きていきたいのか
・何を大切にしたいのか
・どこで誰とどんなふうに暮らしたいのか
・生きがいは何なのか
・家族にどうあってほしいのか
・自分や家族にとっての幸せとは何なのか
・自分の強み、キャリアとは何なのか
・今後は仕事を通してどういうキャリアを築いていきたいのか
など

こういった項目を一つひとつ具体化していくことで、優先順位をつけることができます。自分にとって譲れないもの、人生でこれだけは叶えたいもの、仕事人としての将来像などが優先順位の高いものです。

優先順位の高いものを軸として考えていけば、転職で悩むことがあってもゴールを見失いません。また面接で何を聞かれても、自分のなかに答えがあるのできちんと回答することができます。

「なぜ」と自問自答しながら考えを深めていく

自己理解の深め方としては、紙に書き出すなどして文章化していく方法や、自問自答して考えを整理していく方法などがあります。転職サイトなどに無料でダウンロードできる自己分析シートなどもあります。

自己理解のテクニックとして、「なぜを繰り返す」というのがあります。「なぜ、転職したいと思ったのか」「地元にUターンしたいから」→「なぜ、Uターンが大事なのか」「地元で子育てをしたいから」→「なぜ、地元で子育てするのか」「子どもの成育環境として望ましいから」→「なぜ、望ましいと思うのか」「自分が地元で育ったことを誇りに思っているから」……というように、何度も「なぜ」を繰り返すことで、テーマの本質に迫っていきます。

掘り下げられるところまで「なぜ」と問いかけていき、最後に出てきた答えがその人にとっての本物の価値観や願望です。

客観的な視点も入れて自分を言語化する

いずれにしても最終的には面接の場で語れるようにしなくてはいけないので、相手にきちんと伝わるか、偏った考えや近視眼的なものの見方になっていないかなどに気をつける必要があります。自分が面接官だったらこの回答で納得するかどうかという客観的な視点で内省を繰り返していきます。

自己理解はなるべく早い段階からするのが良いですが、一度でやり切ろうとしなくて構いません。転職活動をしているなかで優先順位が変わってくることや、価値観が変わること、自分の長所短所がよく見えてくることなどがあるため、その都度、自己理解に立ち返って更新していくほうがいいのです。

転職活動中に軸がブレそうになったり、これでいいのか不安になったりしたときにも、自己理解に戻って、改めて軸を確認するようにします。

マイナスを隠すための嘘の動機や理由はつくらない

転職を考えたきっかけが職場のパワハラに耐えかねてとか、ブラック企業でつらかったとかいった理由の場合、それを面接で言うとマイナスのイメージをもたれるのではないかと心配になるかもしれません。

しかし、もう少し前向きなきっかけのほうが良いかと考えてあれこれ嘘の答えを用意するよりは、正直に話したほうが印象は良くなります。ただしマイナスの動機からの出発でも、今は前向きな気持ちで転職したいと思っているということをきちんと伝えるべきです。

例えば「職場でパワハラがあって続けていけないと感じたこともきっかけの一つだが、いつか地元に帰って働きたいと思っていた。夫婦でこれからのことを考えたときに、今がそのタイミングだと気づいた。地元の企業を調べるうちに、自分のキャリアを会社に還元し、自分も成長できる仕事があると知り、今はワクワクしている」というような形です。

このように話せば、パワハラは過去のことであり、今のワクワクしているという気持ちのほうにスポットライトが当たります。面接官も「確かにパワハラは嫌ですね。でも、それがきっかけで転職を真剣に考えるようになったのなら、その経験も無駄ではなかったかもしれませんね」と好意的に受け止めてくれます。

大事なのは、面接官がどのように受け止めるかを想像して、自分の思いを正しく伝える工夫をすることです。

「何でもやります!」「何でもできます!」はあり得ない

転職の相談や面接で志望動機を聞かれて、「何でもやります」「どんな仕事でもできます」という答えは最悪です。キャリア相談のカウンセリングをしていると、時々こう言ってくる人がいるのです。

何でもやりますという答えは、10代の学生アルバイトが言うせりふです。「社会経験がない代わりに、やる気とフレッシュさで何にでも挑戦するので仕事を教えてください」というのなら通用しますが、30代になってのこのセリフはアピールポイントにはなり得ません。逆に、仕事に対するポリシーも誇れるスキルもないと自分で宣言しているようなものです。

また、どんな仕事でもできますという答えは、その万能感はどこからくるのか、自分自身を高く見積もり過ぎていないかと相手の不信感を生みます。自分を過小評価するのも良くないですが、あまりに自信たっぷりだと客観性がないという判断にもなってしまいます。自分に何ができて何ができないか、等身大の自分というのを、やはり自己理解によって正確に把握しておく必要があります。

自分のキャリアに合う仕事とは何か

自分の強みやキャリアを活かして何ができるかを自覚しているのとしていないのとでは方向性や成功率が大きく違ってきます。

例えば都内で最先端のＳＥをしていた人がいたとして、転居先の近くで社内ＳＥを募集している地方企業があったので転職したとします。しかし、この人が地方企業で東京にいたときと同じようなレベルの仕事がさせてもらえるかというと疑問です。

地方企業で最先端のＳＥが必要とされる会社はかなり特殊です。おそらく、社内をオンライン化したくてＩＴのインフラを整えたいとか、インターネット通販を始めるのでホームページを作りたいなどの目的でＳＥを募集したのではないかと想像されます。サーバーを設置してプロバイダーに接続して、社内のパソコンを無線でつないで、ホームページのデザインを組んで……などの初歩的な仕事を求められる可能性が高いように思います。

するとこの人は「こんなつまらない仕事をするために転職したのかな」と思ってしまいます。自分のキャリアがもったいないと感じれば、また転職先を探すことになるのです。

もしこの人が自分の強みやキャリアをしっかり分析できていたら、最初から安易に求人に飛びつくことなく、別の最適な職場を模索したはずです。

もう少し通勤範囲を広げて規模の大きめの会社に目を向ければ、ＩＴを使った新しい施策をしようとしている会社でシステム系の人員を統括するチームリーダーの仕事がありそうです。地方では今からＩＴ戦略を本格的に進めたいという企業が結構あります。

そういう会社なら、この人は今まではエンジニアのプレイヤーでしたが転職後はマネジメントという一段上のキャリアを開拓できます。東京にいた頃のスキルや人脈、情報網などを活用して、転職先の会社もレベルアップしていけます。

地方への転職は、年収はたとえダウンしたとしても仕事の内容はダウンさせないほうがいいです。今までのキャリアより少し上を目指すことが、やりがいを失わずに頑張れる秘訣です。

「なぜ、うちの会社なのか」の問いに的確に答える

自分の強みやキャリアが把握できていると、面接でのなぜ、うちの会社を志望するのかという問いに的確に答えることができます。

この問いには「ほかにも会社はあるのに、なぜこの会社なのか」「この会社とあなたがマッチするとなぜ言えるのか、その根拠を示してほしい」という真意が込められています。

この真意を汲んでいれば、「家から通勤範囲内だからです」「評判がいいと聞いたからです」といった答えは、間違っても出てこないはずです。

その会社の理念や業務内容、市場での優位性などを企業研究したうえで、自分の力を発揮するのに最適の場所であると結論付けたのでしょうから、そこを語ればいいのです。

一例を挙げれば、海外展開をしようとしている会社に対して、「自分の語学力や海外駐

在経験を活かして、事業の橋渡しができると考えた。海外と日本のビジネスルールの違いや、グローバルでの仕事のスピード感やスケール感を知っている自分なら、きっと役に立てるはずだ」といった感じです。

この回答なら、自分の強みと企業の求めることがきちんとリンクしています。

反対に、企業側が答えてほしそうな答えを創作して話すと、キャリアのつながりが見えないので「うちの会社のことを理解していない」「採用されればいいと思ってポリシーがない」と思われてしまいます。

一人で考えるのが難しければエージェントの助けを借りる

自己理解するのに一人だと考えが深まらない、客観的な視点が足りないという場合は、転職エージェントの力を借りるとよいと思います。

個別のコーチングスタイルでカウンセリングをしてくれる転職エージェントは、自己理解をする際の頼りになります。一般的にイメージするエージェントは、希望の職種、ポジション、年収などの条件を聞き取り、いちばん条件に近いところを選び出して勧めるという役割です。これはスキームによって転職を叶えていくスタイルといえます。

私が挙げる「コーチングをしてくれる転職エージェント」とは、あなたがどう生きたいかを掘り下げて考えるお手伝いをし、その実現を一緒に具体化していってくれる存在です。一言で言えば、キャリアをデザインするサポート役です。そういうキャリアデザインのできるエージェントは、単に職を見つけるためのアドバイスでなく、もっと幅広いヒアリングやアドバイスをします。

先日もクライアントから「妻が子どもの習い事にこだわりをもっていて、Uターン先でも同じレベルのレッスンが受けられるのかを心配しているのですが、どうですか？　ありますか？」といった質問を受けました。

そんなものは転職エージェントの答える質問ではないと突っぱねるエージェントもいるかもしれませんが、そのクライアントがUターン転職を決断するに当たり妻や子どもの生活面の充実を重視していることは明らかだったため、私は必要な情報をリサーチし、クライアントへ提供しました。

面談ではクライアントとの対話を通して、人生観や価値観のかなり踏み込んだ部分まで聞いていきます。その掘り下げの過程では当然、いろいろな疑問や不安が出てきます。特に子どもの教育環境や住環境、通勤実態などについての不安が多いです。そういったことも含めて一緒に解決していくことで、その人が本当に求めている転職のかたちというのが輪郭を表してきます。

Uターン転職におけるコーチングとは

コーチング（coaching）とは、ティーチング（teaching）と対になるものです。ティーチングは、学校の先生のように指導者がテクニックを教えたり目標設定を与えたりしながら相手を高めていく手法です。

これに対して、コーチングはスポーツのコーチのように、相手のやり方を否定することなく傾聴や質問、提案などを投げ掛けながら本人の気づきを促します。そして、自分で主体的に伸びていけるように導く手法です。

Uターン転職のアドバイスにもコーチング的な関わり方を応用すると、求職者が内省できるようになり、自分のなかの声に気づくようになります。そうすることで、「自分は本当はどう生きたいのか」「仕事を通してどんな自分になりたいのか」などの自己像や人生観が意識化されていきます。

コーチングのできるエージェントと面談で対話しているうちに、「自分って本当はこういう人間だったんだ」と発見したり、「そういえば子どもの頃、こうなりたかった」と思い出したりするといったことが頻繁にあります。それを繰り返して自己理解をしていくのです。

自分自身のことがよく分かるので、キャリアデザインや面接対策に役立ちます。

また、夫婦でUターン転職する・しないの意見が分かれた際も、自分は絶対に転職したいといった感情的な話になるとケンカになります。しかし、コーチング的な自己理解ができると、どのような理由で転職が自分にとって必要なのか冷静な説明ができ、トラブルを回避できます。

面接官が聞きにくいことをオープンに話すと喜ばれる

地方の中小企業は社員同士が家族的な付き合いをする風土がまだまだ残っていて、都会のビジネスライクな雰囲気とは違うところが多いです。採用面接の場面では本人以外のことは聞いてはいけない建前になっていますが、本音では面接官は家族のことも聞きたいと思っています。

奥さんや子どももUターン転職に賛成してくれているかという点は、面接官にとってはできれば聞いておきたい質問です。

というのも、家族が反対している場合には内定を出しても「やっぱり地元には帰れません」と辞退されたり、入社しても短期間で離職されたりするケースがあるからです。

こういう面接官が聞きにくいことを自分からオープンにすると、相手は安心できるので喜ばれます。

また、地元への愛着や地縁なども無理に話す必要はありませんが、話せる場面があれば話すのもありです。

特に出身高校は選考の目安になりますし、面接官や経営者がOBであれば、親近感をもってもらいやすくなります。長男なので家や墓を守りたいといったこともサラッと言えると、「今時しっかりしていて地元に根を下ろしてくれそうだ」という期待につながります。

地方創生や地域貢献などを格好つけて謳うより、よほど面接官の心に響きます。

「地元に帰るべき」ではなく「帰りたい」が成功のカギ

自己理解をするときに是非やってもらいたいのが、自分の生きてきたヒストリーやキャリアを振り返ることと、人生の終わりまでのイメージを具体的に描くことです。

子どもの頃の夢や得意だったこと、やりたくてできなかったこと、途中で諦めたことなどを振り返っていくと、それをきっかけに本当はやりたかったことが見えてきます。

また、この先の人生を終わりの瞬間まで思い描くことで、これだけはやっておかないと後悔するということが分かります。

つまり、人生にやり残しをつくらない、死ぬときに後悔しない生き方とは何なのかを考えることが、自己理解のベースです。

Uターン転職は必ずしなければならないものではありません。ずっと都会で生きていく道もあります。そこをあえてUターン転職するのは、それが自分にとって不可欠であり、また家族を幸せにするのに必要だからです。

「実家の親から帰って来いと呼ばれたから」「都会暮らしは窮屈だから」「地方のほうがお金が掛からず贅沢できるから」という動機は、本当に地元に帰りたい人から出てくる言葉ではないと思います。

これらは言い換えれば「親のために帰るべき」「都会が合わないから地元に帰るしかない」「楽できるなら地方でいい」となります。つまり、どれも受動的で情熱がありません。Uターン転職は人生が変わることですから、情熱がなければいつか後悔します。家族も幸せにはなれません。

地元に帰りたいとか帰ることでもっと幸せになりたいという主体的な思いがあるとき、Uターン転職は成功に向かって動きだします。

そして、本当に故郷に愛があり、地元民として生きようとする人には、味方や応援者が増えていくものです。「そんなに地元が好きなら帰っておいで。力になるから」「同じ地元愛をもつ者同士、一緒に頑張ろう」「地元で働くなら、うちにおいでよ」——そんなふうに周りを巻き込んで、道が拓けていきます。

誰かのためではなく、自分のためのUターン転職を実現してほしいのです。数々のU

ターン転職をサポートしてきた者として、そう願います。

転職後のキャッチアップやチューニングも重要

今はリモートワークが普及し、業種によっては都会でやっていた仕事をそのまま地方ですることも可能です。この場合、仕事場所を地方に変えただけで、転職をするわけではありません。生活環境は変わっても基本的には、今までどおりの仕事をやっていけば大丈夫です。

それに比べて転職は、キャリアのつながりはあるにしても会社や業務内容、社内のポジションなどが変わります。大都市に多いジョブ型雇用の職場では自分の専門の仕事だけをしていればよかったものが、地方ではメンバーシップ型雇用なので幅広い仕事を期待されます。プレイヤーからマネージャーへキャリアアップした場合は、現場仕事だけでなくリーダー的な立場で管理業務もすることになり、今まではなかった能力が求められます。

つまり、転職後はその職場や仕事内容に合わせてキャッチアップやチューニングをしなければなりません。キャッチアップとはほかの社員の進度に追いつくこと、チューニングとは企業文化などに合わせて自分のやり方や価値観を調律することです。

Uターン転職では転職することが目的化してしまい、その後のキャッチアップやチューニングまで考えられていないことがあります。すると、職場になじめないとか、期待に応えられないなどの不具合を生じやすくなります。

転職エージェントのdodaによると、転職後に不安を感じたことがある人は8割以上を占めています。特に内定から転職後1カ月の期間は不安を感じる人が多くなっています。どんな不安を感じていたかを見ると、「人間関係がうまくいくか」「仕事についていけるか」「職場（社風）に馴染めるか」がそれぞれ8～9割と高くなっています。

働き口が見つかって安心する気持ちはよく分かるのですが、それは転職全体で見ればまだスタートラインに立ったに過ぎません。本番は転職してからなので、そこからのキャッチアップやチューニングを忘れないようにしたいものです。

早く新しい職場に慣れるためにすべき5つのこと

転職後、スムーズに職場になじむことは幸せなUターン転職を実現するうえでも重要なことです。そのためにも意識したいことが5つあります。

① 積極的にコミュニケーションを取る

新しい環境では自分を知ってもらい、自分も相手を知ることが大切です。自分が職場になじめるか不安なように、職場の人たちも今度来た中途採用者と仲良くできるか不安なのです。まずは自分からコミュニケーションを取る努力をしたいところです。

やはり挨拶は基本であり最強のコミュニケーション潤滑剤です。明るく笑顔で挨拶するだけで、良い人そうだとか話し掛けやすいと感じてもらえます。

また、なるべく早く職場の人たちの顔と名前を覚えることです。名前で呼ばれると、人は無意識に相手に好意をもつそうです。心理学では「ネームコーリング」といって、人間関係の促進によく使われるテクニックです。

② 分からないことは素直に聞く

業務の「ホウレンソウ（報告・連絡・相談）」を実践します。

特に入社当初は分からないことだらけのはずなので、積極的に質問や相談をすべきです。最初にしっかりインプットしておかないと、しばらく経ってからでは聞きにくくなってしまいます。

「ここが分からないので教えてください」「これはどうしたらいいですか？」と素直に質問したほうが、聞かれたほうも教えやすく、頼られてうれしい気持ちになります。質問することで会話のきっかけにもなります。

一度教わったことは忘れないようにメモやマニュアル化するなどして、何度も聞き直さないようにすると、真面目で飲み込みが早い印象をもってもらえます。

③ 文化が違うことを受け入れる

田舎に行くほど都会のビジネスライクな職場とは人間関係の密度が違います。煩わしいなと思うこともあると思いますが、そこは郷に入っては郷に従えです。

また、会社ごとに社内ルールや仕事のやり方などが違うことも多々あります。そういうとき、前職ではどうだったとか、自分はこのやり方が正しいと思うと主張するよりも、まずは新しい職場のやり方でやってみることを勧めます。否定されて良い気持ちがする人はいないからです。

どうしても自分には合わないという場合は、「この部分がしっくりこないのですが、皆さんは気になりませんか？」「こういう別のやり方もあると思うのですが、どうでしょうか？」のように提案すると、前向きな改善ができます。

④ 職場の人間関係を把握する

仕事をするうえで何を誰に聞くのがいいか、誰が決定権をもっているか、職場のキーマンは誰なのかなどを観察して、人間関係やパワーバランスを把握します。信頼できそうな人や相談できそうな人がいれば安心です。

メンバーシップ型雇用の会社では、社員がそれぞれジェネラリストとして複数の領域をカバーし合いながら全体としての調和を取っていることが多いです。そのぶん人間関係やパワーバランスも複雑になりますから、単に役職や肩書だけで判断しないように気をつける必要があります。

また、社員だけでなく派遣社員やパートなどにも配慮できるとよいと思います。地方の中小企業では、ベテランのパートが社内の人間関係のキーマンだったりすることもよくあります。

⑤ 転職後3カ月は様子を見る

万一、自分にはこの職場は合わないかもしれないと思っても、3カ月くらいは様子を見るべきです。単に自分が仕事に慣れていないだけで、業務が飲み込めればその先はすんなりいくこともあります。

また、仕事ができる人だと認められると、追加業務を任されることもあります。「できる人ができる仕事をする」というのはメンバーシップ型雇用の会社では当たり前のことなので、追加業務は想定内と考えて無理のない範囲で対応できるとよいと思います。

［第5章］

仕事は順調、家族との時間も増加
Uターン転職で
理想の生活を手にした人たち

Uターン転職で夢を叶えた成功者

私は2010年に会社を設立して現在では年間200人を超える紹介を行い、累計1400件以上の転職をサポートしてきました。一般的にマッチングが難しいとされる特殊な職業の人や、妻の地元に転職することを選んだ人、今までのキャリアを活かしつつ別の職種に転職した人、募集のない会社にジョブ・ハンティングして成功した人、募集が少ない管理職40代女性の転職など、バラエティーに富んでいます。

途中で諦めたり失敗したりするケースも多いUターン転職ですが、転職活動のやり方次第では非常にスムーズに実現していきます。

Uターン転職への熱意とビジョン、ビジョンに近づくための正しい情報収集、専門家のサポートなどがあれば、幸せなUターン転職を叶えることができるのです。

この章では私の会社で転職をサポートし、幸せをつかむことができた人たちを紹介します。

ゲームプログラマーから社内SEへ　そして、新たな環境で挑戦も

東京のゲーム開発会社に勤めていたAさんは、長野市の製本・印刷会社に転職しました。子どもの誕生を機に妻の実家がある長野市に移住したいという想いが膨らんだことが地方転職のきっかけです。「ゲーム業界は卒業し、長野市でエンジニアとして仕事ができればいい」と思って始めた職探しは、ゲームプログラマー一筋の職歴と年齢も相まって、思うようには進みませんでした。そんななかで出合ったのは、まったくの畑違いである製本・印刷会社だったのです。

●地方への転職を望んだとき、過去の都内での転職手法は役に立たなかった

Aさんは現在、製本・印刷会社のシステムエンジニアとして社内システムの管理やメンテナンスをしています。また、会社の自社サービスとしてフォトブック製作や電子出版事業も展開しており、そうしたWEBソリューションサービスの開発や運用・管理の仕事も徐々に増えています。

Aさんは前職ではずっとゲーム開発会社でプログラミングやユーザインタフェースの処理などを行っていました。しかし、現在は社内ネットワークの使い勝手を改良したり、製本のフローを効率化したりと、事業を支える裏方のエンジニアとして活躍しています。

Aさんの生まれは新潟県上越市です。新潟市の専門学校でゲームプログラムを学び、卒業後は東京のゲーム開発会社に就職しました。小さい会社なら若手でも即戦力としてスキルを磨けると考え、小規模企業を狙って就職しましたが、最初の会社は倒産してしまったそうです。

転職を余儀なくされたAさんは、その後も他社から引き抜かれたり、会社が倒産したりで何度かジョブチェンジを繰り返しました。今回、34歳でUターン転職するまでに、5つの会社で働いてきました。ただ、仕事内容はほぼ変わらず、一貫してゲームのプログラムに携わってきたのです。「やりたい仕事だったので面白かったし、手掛けたゲームが世に出たこともあります」とAさんは当時を振り返ります。

妻の実家が長野市にあり、以前から家族で長野に移りたいという思いがありましたが、現実的な転機となったのは、2年半前に子どもが生まれたことです。もともとAさんも新潟の田舎育ちで、「子どもにも自然が豊かな環境で育ってほしい」という思いがあったといいます。

「東京は治安の面でも不安があったし、保育所に空きがなくて妻の子育ての負担が大きくなっていたことも動機の一つです。何かあったときに実家に近いほうが安心だという気持ちが強くなり、長野で仕事を探すことに決めました」

転職活動の第一条件は長野市で働けることでした。ゲームプログラムは好きな仕事でしたが、長野で同じような仕事ができる会社は見つかりませんでした。

ただ、Aさんはゲームプログラマーとしての将来性にも不安を感じていました。

「最近は据え置きのゲーム機よりもスマートフォン用のゲームが増え、昔ほど魅力を感じなくなっていたこともあり、ゲーム業界から離れることに抵抗はありませんでした。それよりも長野で暮らしたいという気持ちのほうが大きかったのです」

そこでAさんは現職に縛られず転職活動をすることにしました。最初は過去の転職の際に利用した首都圏メインの転職支援サービスで探したものの、長野市に絞っていたことや、34歳という年齢、経験に偏りがあったことがネックとなり、なかなか見つかりませんでした。

「これは利用する転職支援サービスを見直すべきだ」と思ったときに、私の会社を知り、エントリーしてくれました。

私の会社でも当初のヒアリングではAさんにマッチする仕事が紹介できるか、不安半分だったのですが、幸い眠っていた求人ニーズの掘り起こしによって、次の場所を見つけることができました。

最初に紹介したのが、現在Aさんが勤めている製本・印刷会社です。Aさんは全然知らない業界で大丈夫だろうかという不安はあったようですが、せっかく勧めていただいたのだからと面接を受けることになったのです。

Aさんに今回の転職先の決め手についてうかがうと、次のように話してくれました。

「今の会社を紹介される少し前に、妻が注文していた子どものフォトブックが届き、それを手にしたときに不思議な感動を覚えました。デジタルの世界とは違う、紙のアルバムの良さを感じたのです。ちょうどそんなときに今の会社を紹介され、事業内容を見て『ああいった感動を届けている会社なんだ』と惹かれるものがありました」

Aさんはもともとゲームと同じくらい本が好きで、製品サンプルを見せてもらいながら印刷技術や製本技術の説明を受けるうちに、強く興味を引かれたといいます。

また、面接で社長の仕事に対する内なる闘志のようなものを感じたことも、入社を決める理由になりました。面談後の合否判断の連絡が早く、「必要とされている」と感じたことも大きかったそうです。

●新しい環境が、眠っていたチャレンジ精神を目覚めさせた

転職したことで住む場所も仕事もまったく変わってしまい、初めは不安のほうが大きかったAさんですが、しばらくすると開き直って新しい環境の新鮮さを楽しむようになっていったといいます。しかし、仕事の面では力不足も感じたと正直なところを打ち明けてくれました。

「システムやプログラムといっても、以前の仕事とは必要な知識が違うこともあり、まだまだ期待に応えられていないと感じます。会社の人たちは、みんなとてもよくしてくれるので、実力不足以外の不自由はあまりないのですが。とはいえ、入社してからの9カ月で前進した部分もあります。古いままになっていたソフトウェアの更新など、大きな仕事もいくつかやらせてもらい、試行錯誤しながら少しずつ成果を出せていると思います」

生活環境の変化については、メリットが大きいようです。長野に来てから子どもが手足口病になったことがありましたが、妻の実家が近いおかげで、義母を頼ることができ、非常に助かったことや、妻もかなり育児が楽になって余裕ができたように見えると話してくれました。また、子どもが起きている時間に帰れるようになったのが本当にうれしいと感じています。

「以前は、起きている子どもに会えるのは週末だけということもあり、次に会うときはまた『知らないおじさん』から始めなければなりませんでした（笑）」

また、長野に来てからはプログラム以外の新しい勉強にも挑戦してみようと思い立ち、簿記の勉強をして3級検定に合格しました。今後は上位の級にもチャレンジしたいと考えています。さらに、マラソンをやっている同僚に刺激を受けて、10年ぶりくらいに走ろうかなという気持ちになっており、「まずはハーフマラソンから、大会に出たいですね」と楽し気に話します。

プライベートを充実させつつ、仕事面の課題にも前向きな姿勢で取り組んでいます。

「職種が変わり、一部のスキルは活かせるところもありますが、知識・経験がまったく足りていないと感じます。業界的にも未知のところに飛び込んだので、用語がわからず会話についていけないことも多々あります。また、以前から感じていたコミュニケーション能力の不足が表面化しています（笑）。ずっとデスクに張り付いて作業をする仕事でしたが、今は社外の方との打ち合わせもあります。ただ、これも新しい環境になったことで得られた成長のチャンスだと前向きに考えていきたいと思っています」

今の会社に転職してよかったかとの質問には、イエスの答えです。以前はプログラムメインの仕事だったのが、今は社内のインフラ整備やECサイトの管理に携わり、工場で製本の手伝いをしたり、商談のために出張したり、同人誌販売イベントに参加することもあります。これまでになかったような経験をする機会が多くあることで、チャレンジ精神をもって取り組むことができるようになりました。

新しい知識を増やしていくのは大変なことですが、楽しくやりがいもあります。前向きになれたことは、Aさんにとって仕事でも私生活でもプラスになっています。

「転職して環境が変わってみると、以前の自分はけっこう凝り固まって、保守的だったんだなと思います。今は開き直っていろいろチャレンジできているように思います。今回の転職活動では、地方への転職を希望するなら、その地域に密着している転職支援サービスを見つけるのが大事だと痛感しました。地方転職は、数多くの求職者のなかから企業が求める人をマッチングする首都圏での転職活動とはまったく違います」

38歳で妻の故郷へ　前職のスキルを活かせる海外営業に新たなやりがい

Bさんは、名のある企業で技術職を5年、商品企画職を10年経験しました。壁にぶつかることはありつつも、恵まれた環境で充実した仕事をしていたBさんにとって転職、ましてや地方への移住などまったく縁のない話でした。

しかし、妻からの「いずれ長野に帰りたい」という言葉を聞いて人生が一変しました。38歳で条件の良い転職ができるのかと訝《いぶか》りながらも、試しにと活動を始めると、ぜひにと求めてくれる今の会社との出合いがあり、トントン拍子に入社が決まりました。

欧州市場を相手に商品企画のキャリアを積んできた経験を高く評価され、未経験の営業職に採用されたのです。

長野での暮らしは思っていた以上に心地よく、「転職のために犠牲にしたものは何もない」と言うBさんに、転職のコツや転職してよかったことなどを聞きました。

●商品企画を10年　積み上げた欧州市場への知見を認められた

Bさんが現在勤めている会社は、地元では精密モーターメーカーで知られる会社です。Bさんはその会社の福祉・生活支援機器部門の海外営業職として勤務しています。

視覚障害者向けデジタル録音図書読書機などの福祉機器を、欧州・中東・アフリカ各国の点字図書館のような機関や、代理店・販売店に営業しています。現在は国内にいて、欧州に駐在している担当者と協力しながら仕事を進めています。

Bさんは子どもの頃からずっと首都圏に住み、大学では機械工学を専攻していました。卒業後は横浜に本社のある電気機器メーカーに機構設計の技術者として就職しました。5年ほど設計に携わった頃、もっとユーザーに近いところでものづくりに関わりたいという思いが芽生え、商品企画の部署へ配転したそうです。

ちょうどその頃、イギリスの販社に商品企画担当者が派遣されることになり、3年間、欧州の市場を肌で感じるという貴重な経験をしました。帰国後も含め、合計で約10年間、商品企画に携わっていました。

イギリスから帰国後も欧州向けの商品企画を担当していたのですが、転職の2~3年前から、手掛けていた製品分野の市場に閉塞感を感じるようになりました。新しいことを提案するのもなかなか難しい状況になっていたようです。

Bさんは、少し行き詰まったような状況のなか、家で妻に何気なく今後のキャリアプランについて相談しました。すると、長野市出身の妻が「ゆくゆくは長野に帰りたい」と言ったのです。

この言葉を聞くまで、Bさんは自分が転職をするなどとは考えたこともなく、青天の霹靂だったといいます。

「行き詰まっていたとはいえ、それなりに充実した仕事をしていましたから、初めは『あり得ない』と思いました。ただ、妻と話をするうちに少しずつ、転職の可能性を考えるようになっていきました」

当時、38歳になっていたため、本当に転職できるのか半信半疑でしたが、まずインターネットで長野県に特化している求人情報サービスを探し、私の会社にエントリーしてくれました。

「エントリーするとすぐに担当の方から連絡がきて、何社か紹介してもらったなかに今の会社がありました。まったくの偶然なのですが、新卒のときに入社を検討していた会社の一つだったんです」

そんな経緯もあって、試しに応募してみたところ1週間もしないうちに「先方が会いたがっている」と連絡がありました。

そのとき、都内まで面接に行ったのが、Bさんが現在所属している部署の部長です。30分ほどという予定でしたが、いろいろな話で盛り上がり、結局2時間半くらい話していました。ただ、本人はあまり手応えがなく、不採用だろうと思っていましたが、すぐに会社から採用の連絡がきたのです。

Bさんの今の会社とのマッチングのポイントは、会社側が欧州市場に関する知見をもち技術的なことも分かる人材を探していたことです。製品は異なるものの、欧州向けの電気機器の商品開発に10年間携わってきたBさんのキャリアやイギリスの駐在経験は、願ったり叶ったりでした。

ただ、Bさんは営業に関してはまったくの未経験です。本社面接に臨む際もそこが一番の不安だったといいます。

ところが、役員面接の前に配属部署の要職の方々と面接した際、「営業経験がないのは不安かもしれないが、我々がしっかり教育するので、とにかく役員面接を頑張ってください」という温かい言葉を掛けてもらえました。Bさんはそのときのことを、「とても心強かったのを覚えています。私としても、これまで一生懸命にやってきた仕事のスキルを活かして長野で働くことができる。不思議なくらいぴったりの会社でした」と振り返ります。

●視点が変わり新たなやりがいを発見　長野の人も自然も心地よい

転職した今の心境を聞くと、やりがいについて答えてくれました。

「実際のところ、初めての営業職ですから難しさは感じますが、周りの人たちが非常に大事にしてくださり、親切に教えてくれるので、なんとかやれています(笑)。また、こちらで仕事をしてみて、やはり欧州の市場は面白いと感じます。扱う商品が変わったこと、営業という最前線に立ったことで視点を変えられたのが大きいのかもしれません。今は、難しい市場のなかでどうやって成功するか、そこにやりがいを感じています」

生活面での変化については、自然に囲まれた暮らしがBさんの性に合っていたようです。「妻もなじみのある土地に帰って来たからか、神奈川にいたときよりも生き生きしているような気がします（笑）。3歳の息子を公園に連れて行けば地元の子たちがすぐ仲間に入れて一緒に遊んでくれますし、親同士もすぐに打ち解けます。会社でもプライベートでも、長野の方は温かいなと感じます」と、順風満帆の様子です。

最後に、「転職してよかったと思うことは?」と聞きました。

「転職活動を始めるときは、転職するためには何かを犠牲にしなければならないのだろうと覚悟していましたが、自分は何も捨てることなく、いろいろなことがプラスに働いていますす」とBさんは力強く語ります。収入面は、金額だけ見れば下がったものの、もともとBさんはあまりお金に執着しないほうで、どちらかといえばやりがいを優先させたいという思いがありました。そのため「100%、転職してよかったな」というのが正直な気持ちだそうです。

特殊な専門職でUターンに成功　どんな職種でもチャンスはある！

次に紹介するCさんは、東京時代、テクニカルライターの仕事をしていました。自社製品の取扱説明書を作成するという仕事です。

特殊な職種であるため、長野へのUターンを思い立ったときも同じ仕事はないと諦めていたといいます。そのため、「自分にできることは何でもやる」と決意して転職活動に臨みました。

しかし、職探しは難航します。大手求人サイトに登録しても、オファーメールが届かない日が半年も続きました。

ところが、「Cさんにぴったりの仕事がありますよ！」という、私の会社からの電話で一変しました。実は、テクニカルライターの仕事を紹介することができたのです。

●35歳を前に決断　そろそろ実家の家族と暮らしたい

テクニカルライターのCさんが担当している自社製品は、ペットボトルを作る特殊な機械です。1台の機械に必要な説明書は、厚さ5センチのバインダーで2冊にも及びます。それを複数名の共同作業で作っています。しかも日本語で作成し、さらに英語の翻訳まで担当しています。

転職前の仕事は、東京にある医療機器メーカーで、AEDや心電計などの説明書を英文で作成していました。ちなみに、前々職は大学職員をしていました。

語学が得意だったCさんは大学卒業後、母校に就職し、希望どおりに留学生の世話全般をする仕事をしていました。しかし、そのあとに広報課に異動となってしまいます。

広報の仕事が嫌いというわけではなかったものの、どうしても語学に携わる仕事がしたいと思い、1回目の転職を決意したのです。

2回目の転職を考えるようになったきっかけは、「年齢」だったといいます。

「自分は一人っ子なので、いつかは地元に帰らなくてはいけないという思いがありました。気がつけば、長野の実家で暮らす家族たちも年を重ねてきたし、自分も年を取ってきていました。世間では、『転職するなら35歳まで』といわれていることもあり、今しかないと思って、33歳でUターンするための転職活動を始めました」

早速、インターネットやハローワークで仕事を探しましたが、なかなか希望に合致するものは見つかりません。Cさんの経歴が特殊だったうえに、33歳という年齢もあったのが原因だったと、自己分析しています。

「1回目の転職活動のときとは、感触が全然違うと感じました。長野にテクニカルライターなんていう仕事はないだろうと思っていたので、希望職種は事務系としていました。自分にできそうな仕事は何でもやるつもりでした。それでもしばらくは引き合いもほとんどなく……。半年ほど経った頃、コンサルタントから連絡がありました。私にぴったりの仕事があると言われて驚きました」

今の会社に決めたポイントは、何といってもテクニカルライターでの採用だったことです。長野にこんな仕事があるとは思っていなかったというCさんは、会社のことは知りませんでしたが、海外にも展開していて、語学を活かす機会がありそうだと思ったことから転職を決めました。

また、面接に行ってみて会社の環境が気に入ったのも決め手の一つでした。会社は浅間山の麓の自然が豊かな場所にあります。Cさんは東京のにぎやかな環境も嫌いではありませんでしたが、もう十分という感じもしていて、自然のなかで働くのもすてきだと思ったそうです。

●新しい製品や新しい業種を学ぶ苦労も、やりがいの一つ

「転職後は、仕事自体は同じですが製品が違うため、新しく学ばなければならないことも多くあります。しかし、苦労はあってもやりがいの一つと感じています。また、今はまだ製品に関する知識がないので、設計者や実際に機械を動かす人たちのところに足を運び、分からないことは何でも聞くようにしています」とCさんは前向きです。

転職してよかったこととしては、電車通勤がなくなったことを挙げます。

東京時代は満員電車に40~50分揺られて通勤していましたが、今は実家からマイカーで通勤しています。休日は家族と一緒に畑仕事をするなど、ゆっくり過ごせてもいます。Cさんは、「仕事から帰宅すると夕飯があり、家族と一緒に食べられるのでうれしいですね。私が家族に何かしてあげるというよりも、逆にお世話になっているなと感謝しています」と笑顔です。

会社が実家から少し遠く、車で約1時間掛かるのが多少大変ではありますが、こんな理

想的な仕事はそうそうないので満足しているということです。仕事場では上司から期待されて、うれしいプレッシャーも感じています。

最後に、転職を成功させる秘訣についてCさんはこう語ります。

「大事なのは、『諦めない』ということです。私自身も仕事が見つかるまでに時間が掛かりましたし、粘り強く続けていくことが大切だと思います。仕事の数は、やはり都市に比べると地方は少ないですが、だからこそ自分の経験や能力を明確にしておいて、希望に当てはまる仕事を見つけていくことが大事になってくると思います。それと、面接はすごく緊張しました（笑）。特に1回目、『ここがだめならどうしよう?』という思いが強すぎて、うまく話すことができませんでした。しかしその後、担当のエージェントからアドバイスをもらって、2回目の面接ではしっかり自分をアピールすることができました」

夢を叶えたいなら自分から動け　募集のない志望企業へアタック！

Dさんは、日本を代表するＩＴ企業を立ち上げ期から支えてきたキャリアの持ち主です。その転職活動もバイタリティ溢れるものでした。

家族とともに地方で暮らすことが長年の夢でしたが、実際に転職活動を始めるにあたっては、どうしても譲れないことがあったといいます。それは、「給料が下がるのは仕方ない。でも、つまらない仕事はしたくない」ということでした。

新潟の企業を調べ、「ここしかない」と思える希望の転職先を発見したDさんですが、物理的な距離があり、機動的に動きにくいという問題がありました。そこで、自らコンサルタントを説得して、募集もしていない先方へアプローチを掛けるという裏技を使い、その結果、半年を掛けて内定獲得に成功しました。今や営業本部長として活躍中のDさんに「扉は叩いてみるもんだと実感した」という話を詳しく聞きました。

●給料は譲れても、仕事の面白さだけは譲れない

Dさんは現在、アウトドア用品の製造販売を手掛けている会社で、営業本部長を任されています。スポーツ量販店などにアプローチする営業部隊や、全国に展開する直営店の小売スタッフ、アフターサービス、カスタマーサービスなどの部隊を統括しています。

Dさんは大学を卒業してからずっと、インターネット総合サービス企業で働いていました。入社した頃はまだ小さな会社でしたが、今は大企業になっています。彼自身もいろいろな部署を経験しましたが、なかでもいちばん長かったのは宣伝の仕事です。部署の立ち上げから参加して、最終的にはグループマネージャーを任されていました。

そんなDさんに転機が訪れました。

もともとDさんは新潟出身で、妻も北海道出身なので、いつか地方で暮らしたいと話していました。子どもが生まれて喘息をもっていたことも転職したい理由の一つとしてありました。ただ実際は、地方に行けば収入も下がるだろうという懸念から、なかなか踏ん切りがつけられずにいたのです。

そんななか行動を起こすきっかけになったのは、東日本大震災でした。

「人間、いつどうなるか分からないなと思いました。やりたいことがあるのだったら、元気なうちにやったほうがいいと考え、地方暮らしを真剣に検討し始めたのです。地方といっても、地縁血縁がないところはあまりイメージができず、近くに親戚がいるようなところがいいということで、新潟に帰ることに決めました」

新潟の会社を調べて見つけたのが、アウトドア製品の開発・製造・販売を展開するアウトドアブランドでした。昔からキャンプが趣味だったDさんは、「ここで働いたら面白いだろうな」と直感しました。

ところが普通に転職活動しても、なかなか進みません。そこで、私の会社のコンサルタントにリクエストがきたのです。

担当コンサルタントは、今まで取引をしたことがない会社だったため最初は戸惑いましたが、Dさんの熱烈なコールを受けて、なんとか先方と会う機会を設けることができました。ようやく先方は会ってはくれたものの、やはり「採用枠がない」と言われました。それでも、Dさんは諦めません。

「今までのキャリアと、いかに僕が入社したいかということを訴えました。するとやがて、会社の方向性が変わり、『実は、ネットを使ったeコマースを強化していきたいと考えている』という話になったのです。扉は叩いてみるものだと思いましたね（笑）」と、Dさんは当時を振り返ります。

それから5回も新潟に通って面接を重ね、半年後にやっと内定をもらうことができました。

● 休日は庭でバーベキュー　家族の心も体も健康になった

Dさんは最初、eコマースのマネージャーとして入社しました。ひたすらネット通販の改善を行い、翌年には営業本部長に昇格しました。

仕事は思っていた以上に忙しいといいます。

「人数が少ないので、1人あたりの責任範囲が広いのです。仕組み化もまだまだで、改善していかないといけないことも山積みです。『田舎でのんびり』というイメージは崩れました」と笑います。

ただ、満足感は高いようです。「以前はインターネットを介してしかユーザーとの接点がありませんでしたが、今はユーザーとの交流イベントや実際の店舗があり、ユーザーの生の声が聞けます。『こんなに多くの方に喜んでもらえているんだ！』という実感があり、とても充実しています。そして、これからもっと会社を大きくして地域のブランドを育てて、地域を活性化できたらと考えています」

生活面での変化を聞くと、通勤時間が短くなり渋滞にも遭わなくなったので、ストレスは格段に減ったといいます。

　また自分だけでなく、妻と子どもたちにも精神的な余裕を感じるようになりました。以前は妻もフルタイムで働いていたので、上の子どもは学童、下の子どもは保育園へ迎えに行って、ご飯を食べさせてという毎日でした。近くに頼れる親戚がいるわけでもなかったので仕方がありませんでした。

　今はそんな圧迫感からも解放されたそうです。

「子どもたちも今は家に帰ったらお母さんがいるのでうれしそうです。喘息をもっていた子どもも、新潟に来てから、ほぼ心配しなくてよくなりました。昔は発作に備えて吸引薬が手放せなかったのですが、今はそれも必要ありません」

　さらに、食生活がとても豊かになったと喜びます。新潟は米も魚も酒も、地元のおいしいものがそろっています。朝市に行けば、顔が見える相手から食材が買えますし、野菜は採れたて新鮮です。

　また、Dさんは新潟で家も建てました。昔から自然と一緒に暮らせるような家を建てるのが夢だったため、思い切りました。風が吹き抜ける設計にして、キャンプ道具専用の収納部屋も作ってあります。休日は庭でバーベキューをして楽しんでいます。

転職がうまくいった秘訣とは何だったと思うかとの問い掛けには、次のように答えてくれました。

「地方に転職するときは、何かしら妥協はしなければならないと思うのですが、それが、どの点なのか、どこまで妥協できるのかを決めておいたほうが、結論は早いと思います。僕の場合は、仕事の中身が第一でした。自分が誇りをもてるモノやサービスを提供できる会社で働くということです。もちろん不安もありました。そのときすでに子どもが3人いましたし、家族を養うことを考えると、収入が下がることも気になっていました。背中を押してくれたのは、妻です。『でも、やりたいんでしょ?』という言葉を聞いて、開き直ることができました。結局、自分は何のために転職しようとしているのか、それをはっきりさせることが大事だと感じました」

本当の幸せを求めてUターン　富山にも女性が活躍できる仕事はある

以前は東京で企業広報やマーケティング担当として活躍していたEさんは、40歳を越え、これからの人生を考えたとき、胸にふつふつと強い思いが湧き上がってきたといいます。「これが自分の求めていた幸せなのか？　愛する家族と故郷で暮らしていくほうが幸せではないのか？」という思いでした。

Eさんが Uターンを考えたときに唯一心配だったのは、地元では今までのようにやりがいのある仕事はできないかもしれないということです。そんな不安を抱きながらの転職活動でしたが、新たな挑戦を始めようとしている老舗企業と巡り合いました。「地方には、東京ではつかめなかったチャンスもあるのですね」と目を輝かせるEさんに、Uターン転職の感想や富山での生活について聞きました。

●このまま東京で暮らし続けることが、自分にとっての幸せなのか？

Eさんは現在、富山にある老舗の製薬会社で働いています。入社と同時にデジタルマーケティング部に配属され、マネージャーとして化粧品のネット通販事業のマーケティング戦略の立案・実行に取り組んできました。

2つの新ブランドのローンチと、それに合わせて新ECサイトのオープンが決まっていたので、全体のプロジェクト管理もあわせて担当しました。

現在はヘルスケアマーケティング事業部の「販売戦略グループ」「顧客対応グループ」のグループマネージャーを兼務しています。これまでの仕事に加え、医薬品や健康食品の通販など、新しい事業の柱づくりにおけるマーケティング業務も任されています。

Eさんは富山出身で、東京の大学へ進学し、そのあとはアメリカの大学院で2年間、広告・広報を勉強しました。帰国後はその知識を活かすために、東京のPR会社に就職し、その後、外資系の化粧品会社、保険会社、法律事務所、マーケティングリサーチ会社に勤務しました。いずれも企業広報やマーケティング業務を担当していて、その間は、勤務地も生活の場もずっと東京でした。

転職のきっかけが具体的に何かあったわけではありません。ふと自分の人生を振り返ったときに、「年齢も年齢だし、そろそろ家族と一緒に暮らしたい」と思ったのだそうです。

「東京での生活は楽しかったのですが、疲弊している自分も感じていました。人が多くて、常に競争にさらされていたり、誰かに評価されていたり……。独身で自由ですし、お給料もそれなりにもらっているけれど、『私は今、幸せなのかな？』と疑問に思ってしまったのです。妹は富山で結婚して、子どもが二人いるのですが、その甥っ子たちの成長を近くで見守るのもいいなという思いがふつふつと湧いてきました」

彼女は思い立ったら行動するタイプで、すぐに転職活動を始めました。ただ当初は、富山で女性が活躍できる仕事は、医師などの高度な専門職以外にないと思っていたといいます。

そのため、最初は語学力を活かして英会話の先生になろうかと考えていました。実際に面接も受けて、内定も出ていたのですが、Eさんはそこで立ち止まります。「本当にそれでいいの？　そんなに簡単に決めていいの？」という迷いが生まれてきたのでした。

試しに「富山×Uターン転職」でネット検索をかけたところ、ヒットしたなかの一つが私の会社でした。私の会社について聞くと、「いつでも相談に乗ってくれるということだったので登録してみると、いろいろな求人を紹介してもらうことができ、最終的には6

社を受けることができました。仕事の内容もマーケティング、社内通訳、ベンチャーの立ち上げメンバーなど幅広く、富山にもこんなにいろんな仕事があるんだと驚きました」と話してくれました。

今の会社に決めたポイントは、現在の上司であるCOOと東京で面談した際、「これからどんどん新しいビジネスを立ち上げたいと思っている。そのためには新しい人材が必要。失敗してもいいから挑戦しよう」という話をしてくれたことだったそうです。

歴史のある会社なのに新しいことに挑戦しようとしているところに、いい意味でギャップを感じたといいます。また、COOの情熱や自分が任せてもらえる裁量の大きさも感じたこと、今までに経験してきたことをなぞるだけでなく、新しいチャレンジもできそうだと考えたことで入社を決めました。

●収入は減っても、お金に換えられない喜びがたくさんある

これまで長く携わってきた広報の仕事は直接売上に結び付く仕事ではありませんでした

が、今は自分の仕事の結果がはっきりと数字に出ます。顧客との距離も近く、そこに面白さを感じているといいます。

ただ、「仕事をするうえでのカルチャーショックもあった」と打ち明けてくれました。

「東京にいたときは、周りのみんなが『結果を出して、もっと自分をアピールして、もっとお金を稼ぎたい！』という感じでギラギラしていました。一方、こちらは皆さん真面目ですが、ややのんびりした印象です。今後、会社がさらに成長していくために、私の経験や視点を活かして組織を改善できる部分があれば取り組んでいきたいと考えています。簡単ではないかもしれませんが、上司であるCOOも私と同じ課題感を共有しているので、相談に乗ってもらっています。理解者がいるのはとても心強いです」

Eさんは今実家で両親と暮らしていて、通勤時間は車で1時間ほどです。東京のような満員電車での1時間はつらいですが、車なのであまり苦にはなっていない様子です。

ただ、朝はとても早くなったといいます。会社の始業時間が8時半と、以前の会社の9時や10時半出勤より早いこともありますが、フレックスが使えるようになり、オフピーク通勤で8時には出社するようになったからです。

「今は朝5時半には起き出して準備をしています。その分、寝るのも早くなりました。ただ、生活自体はとても楽になりましたね。仕事から帰れば母が料理を作ってくれていますし、本当に楽です。休日は家族と過ごせるようになりました。母とご飯を食べに行ったり、妹家族の家で3歳の甥っ子や1歳の姪っ子と遊んだりして楽しく過ごしています」


収入面の満足度についても聞きました。

「正直、お給料は減ったので、以前は欲しいものがあればすぐに買っていたのですが、ガマンすることを覚えました（笑）。とはいえ、収入が下がるのは覚悟していましたし、贅沢な暮らしがしたくて転職したわけではありません。家族との時間など、お金と引き換えに得られるものが多くあったので今の生活には満足しています」

転職して家族と一緒にいられることがなによりうれしいと話すEさんは、今はお母さんと気軽に出かけられ、お父さんとは仕事の話もできるようになったといいます。東京時代の友人には、「顔つきが変わった」と言われるそうです。

東京で感じていた疲弊感もなくなり、ストレスがあると食べ過ぎてしまっていた習慣も、今はなくなり、健康的になりました。「仕事でも新しいチャレンジを楽しめているので、本当に転職してよかったと思っています」とのことです。

自身の転職経験を振り返っての感想を聞くと、「Uターン転職しようか迷っているより、後悔しないように行動してよかった」と話してくれました。Uターンしたら今とは全然違う仕事をすると覚悟していたから余計に、いい意味で裏切られたといいます。

「富山で女性が活躍できる会社と出合えたのは嬉しい誤算でしたね。東京は、今から自分を鍛えないといけない若い人にとってはお勧めの場所です。しかし、年齢を重ねたあとは、地方に目を向けるのもいいと思います。東京で得た経験やスキルを還元できる場所が地方には意外とたくさんありますし、新しいことにもチャレンジできます」

東京にはプロフェッショナルがたくさんいてしのぎを削っているので、新しい分野にチャレンジすることがなかなかできないこともありますが、地方では違います。

Eさんも、「東京にいたら今のECマーケティングやデジタルマーケティングのような仕事はさせてもらえなかったと思います。詳しい人がほかにたくさんいますから。今の会社に来たからこそ、そのチャンスをつかめました」と語ります。

地方にもやりがいのある仕事はたくさんありますし、新しいことにチャレンジできるチャンスも、むしろ地方のほうがあると思います。ここに紹介した5人以外にもサクセスストーリーはたくさんあります。

人生は一度きりです。人生の新しい扉を開くのは、あなたの意思決定一つです。

［第6章］

Uターン転職を成功させ、故郷で幸せな人生を生きていく

30代を逃すとUターン転職のハードルは上がる

30代は多くの人にとって結婚や子どもの誕生、マイホームの購入、この先のキャリアの希望など「将来を決定する大きな転機」になります。地元に帰るならこのタイミングで転職して生活基盤を定めることが、その後の人生設計を描くうえで大事になってきます。

30代のタイミングを逃すと、次のタイミングは10年先になる場合が多いです。子どもが小学校や中学校を卒業するのを待ったり、自身の仕事の区切りを待ったりしているうちに、10年くらい経ってしまいます。そのうち親の介護が必要になるなどして地元に転居するケースが多く見られます。

ただし、40代での転職は30代に比べてハードルがかなり高くなってしまいます。

一般に転職業界では「35歳転職限界説」「35歳の壁」というのがいわれます。新卒至上主義が根強い日本では、社会経験が浅くまっさらで、教えれば自社に染まってくれる20代が重宝される傾向にあります。賃金が安いことも、企業が若い世代を好む理由の一つです。

それに比べて年齢が高くなると、柔軟性や適応力がなくなり自分のスタイルが固定して

［図表6－1］　年齢階級別入職率・離職率（令和元年上半期・男）

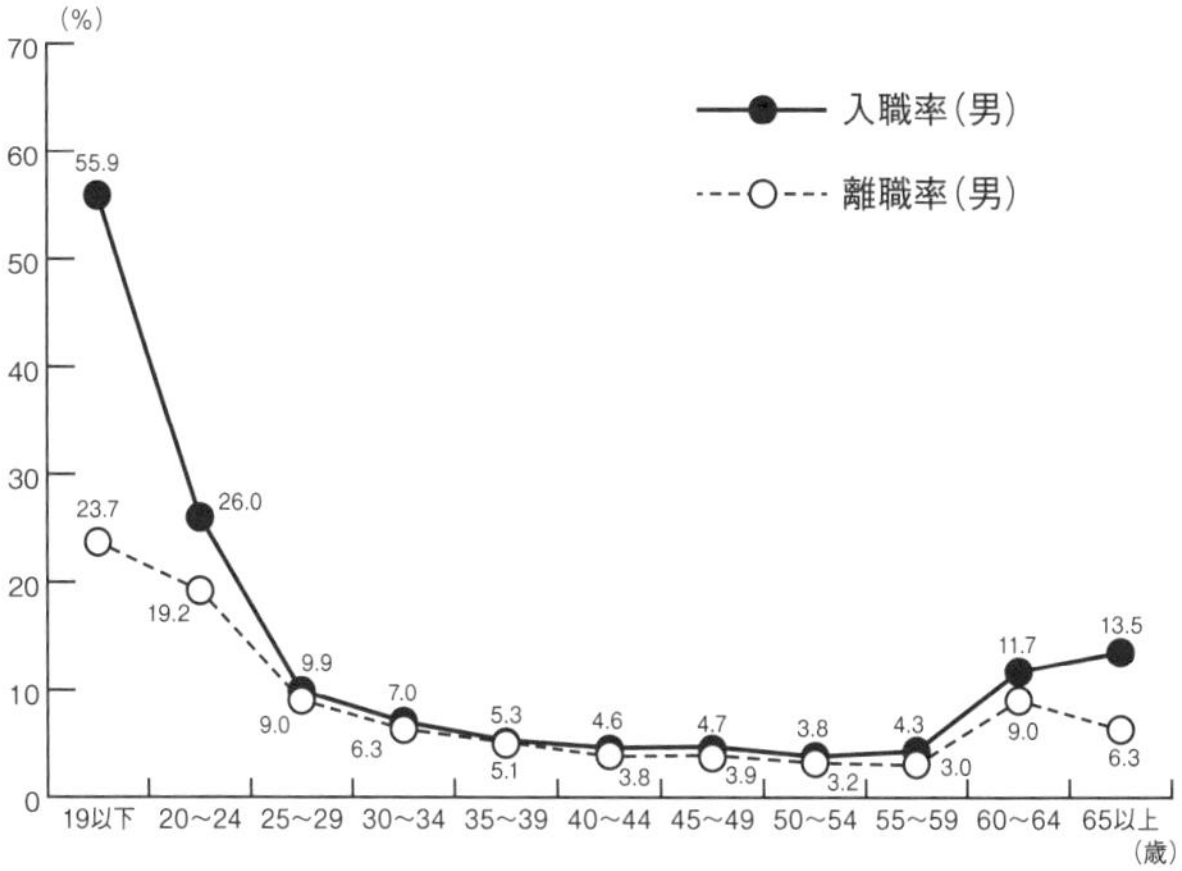

［図表6－2］　年齢階級別入職率・離職率（令和元年上半期・女）

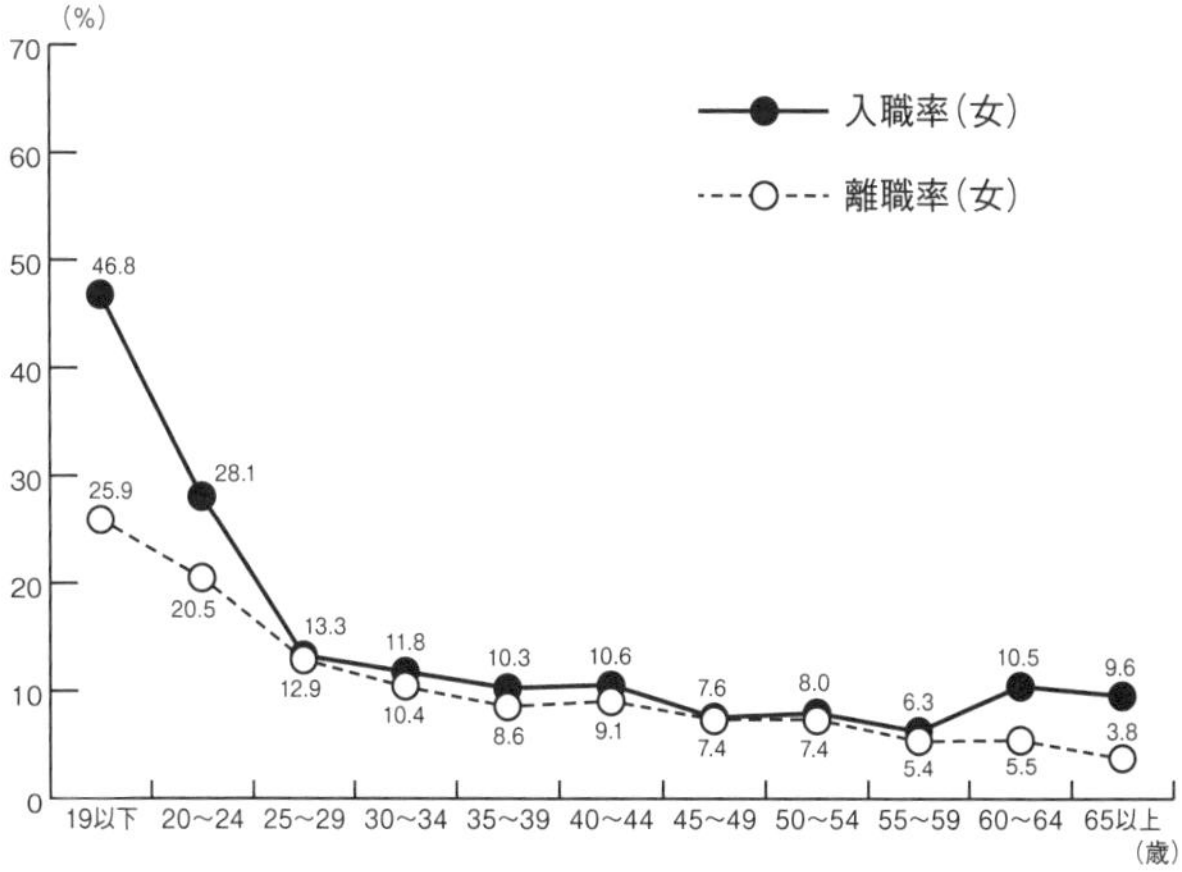

出典：厚生労働省「令和元年上半期雇用動向調査結果の概要」

いく傾向にあります。賃金も高くなります。そのため、35歳以上の採用を渋る企業が増えてくるとされています。

厚生労働省の「令和元年上半期雇用動向調査結果の概要」を見ても、男女ともに30歳を越えると入職率はガクンと下がります。

地方の中小企業では40代での中途採用も大都市に比べればあるほうですが、それでも転職はしにくくなります。高いスキルや専門性があれば別ですが、地方企業はただでさえ高齢化していますから、やはり若い労働力が欲しいのです。

もちろん40代以降でもUターン転職をすることは可能です。ただ、いずれUターンしたいと思っているのであれば、なるべく早めに決断し、転職活動を始めることが、自分の「売り時」を逃さないためには重要です。

情報収集の手段は多くもち、徐々に絞っていく

実際の転職活動では自分の希望する条件の求人情報が見つからないなどの問題が起きて

くると予想されますが、地方にも働きがいのある良い会社は多くありますから諦めずに活動し、積極的に「自分から情報を取りにいく」のが成功の秘訣です。

地元で転職をするためにどのサイトやエージェントを使えばいいかという問題には、「ここを利用すれば必ず成功する」というセオリーはありません。

地方の小さな企業でも大手サイトに求人票を載せているところもありますし、職種によっては行政が運営するＵＩＪターン支援サイトやハローワークのほうが見つかりやすいこともあります。

例えば、全国展開している企業の場合は地方支社があります。この地方支社の求人票というのは、大手転職サービスのほうが見つかりやすいです。業務内容も東京水準なので、今の仕事の延長のような感覚で勤務地だけを地元に変えて働きたいという人には、地方支社がいいかもしれません。

地元企業に転職して故郷に貢献したいという場合は、地元特化型のエージェントが向いています。

最初のうちは情報収集の手段は多くもっておき、少しずつ絞っていくという方法が良いです。基本的に求職者は無料で会員登録したり転職先の紹介を受けたりすることができます。大手転職サービスにも登録しておき、行政のサイトも見にいってというように間口を広くしておくことも大切です。最初は検索に引っ掛からなくても、希望の転職先が不意に現れる可能性もあります。企業との出合いも縁なので、最初から情報収集の手段を一つに絞らないほうがいいと思います。

それでも候補が見つからない、地元企業を中心に探したい、Uターン転職の実態や地元の情報を詳しくリサーチしたいという場合には、地元特化型のエージェントの門を叩くというのが順当です。

無責任な情報に流されないで自分で見極めることが大事

どこのサービスを利用するにしても、大切なのは自分に必要な情報をもっているのはどこかを見極める眼、不必要な情報を振り分ける編集力です。また、偏った情報に流されないで多角的に見ることも大事です。

地元の友達に「こっちに仕事なんてないよ」とか「私も前にUターンしようと思って探したけどなかった」と言われるかもしれません。それをそのまま信じてしまうのではなく、きちんと情報を集めて自分の眼でジャッジしなければなりません。

あるいは、「あそこの会社は評判悪いよ」という噂が正しいのかどうかも気になるところです。転職先の候補の企業が見つかったとき、今は口コミサイトで評判などを見ることもあると思います。しかし、そこに書かれている情報というのは、基本的にネガティブなものが多く集まっています。みんな良いことはわざわざ書かないですが、ちょっとマイナスがあると憂さ晴らしに書きたくなるのが道理だからです。

例えば、おいしいと聞いていたレストランに行ってみたらいまひとつだったとか、接客が良くないと聞いていたのに店員が親切だったなど、話に聞いていたのと違うことはよくあります。転職にまつわる口コミにも同じことがいえるのです。

流通しない求人票にアクセスできるかがUターン転職の分かれ目

地方には、そもそも流通しておらず求人票にも載っていない情報がたくさん眠っています。非上場企業なのでそもそもの情報が少なく、広告も出していないので知られていないけれども、業界トップシェアのメーカーや歴史のある老舗企業、日本での知名度より海外で有名な会社などが、地方にはたくさんあります。そういった企業は経営者もやり手なので、採用へのモチベーションも高くなります。

人は宝という意味の「人財」という言葉がありますが、人材が会社を作り未来を創るということを、彼らはよく理解しています。

ただ、地方企業の多くは明確な経営課題を抱えながらも、その解決策を採用枠や求人票にまで落とし込めていないところがほとんどです。そして、私の会社のような地元のエージェントがいざ人材を紹介した時に、「この人なら我々の経営課題を解決できる」と見込んで、新たな採用枠が設けられるケースが多いのです。

だからこそ、ジョブ・ハンティングやジョブ・クリエイティブが合っているのです。私の経験から言っても、Uターン人材の経歴などの情報を見せて、経営者や人事担当者と話すなかで、

「渋谷でWEB広告をやってた人なの？　それならうちのECを強化するのにいいかもし

れないね。採用は考えてなかったけど、お勧めの人材なら逃す手はないな。一回、面接させてよ」となっていくパターンが圧倒的に多いです。

どこの地域に転職するにしても、その地元で県内企業の情報をがっちりつかんでいるエージェントがきっといるはずです。そういうエージェントと出会うことができれば、難航しがちな転職活動がガラリと景色を変えるに違いありません。

自分が転職したい会社を口説く手もある

ちなみに、裏技的な転職活動のやり方として、最初からターゲットの会社を狙い撃ちするパターンもあります。「この会社で働きたい！」という具体的な希望があるなら、転職エージェントに相談して、先方の人事担当者との橋渡しをしてもらえないか頼んでみるのも手です。ただ、人気の会社は大手転職サイトにも求人票を出していますが、常に採用があるわけではありません。

採用がないけれども働きたいという相談を受けた場合、大手転職エージェントではなかなか現地に足を運んで人事担当者と話をするというのは、コスト的な問題もあって現実的には難しいです。

この点でいうと、地元にあるエージェントは同じ県内なのでフットワークも軽く、日頃から人材を紹介している間柄で話もしやすくなります。実際に、ある企業に「こんないい人材が今度帰って来ます」と口説いて、採用を実現させた事例もあります。

あくまでタイミングや人材がもつキャリアとのマッチングによりますが、こういう裏技も地元エージェントならまったく不可能というわけではありません。

転職後の年収の考え方は「地方水準」で考えるべき

転職後の年収の考え方も、重要なポイントの一つです。

東京で夫だけの稼ぎで年収1000万円をもらっている家庭は、手取りがだいたい720万円になります。23区で720万円の暮らしというと、平均よりは良いですが、そこまで贅沢できるほどではありません。周りの人たちのお金の使い方や都会ならではの価値観につられてしまうので、出費も多くなりがちです。

これが地方に行って720万円となると、かなり余裕のある暮らしができます。子どもは公立なので学費もそんなに掛かりませんし、同居や近所で両親がいれば育児や家事のヘルプラインも付いてきます。30代でも庭付きの一戸建てが普通に買えます。

経済的な余裕というのは精神的な余裕にもつながりますから、結果としてワークライフバランスが良くなります。

地方転職についてよく「ワークライフバランスがいい」といわれるのは、私生活を充実させるために転職するという意味ではなく、転職した結果、お金の余裕やヘルプラインができて私生活が豊かになるという意味なのです。鶏が先か卵が先かの話に見えますが、ライフが先に来ると転職（ワーク）はうまくいかないことが多いので、大違いです。そこの部分の優先順位だけは間違わないでほしいと思います。

Uターン転職の「正解」は人それぞれ　自分なりの正解を

Uターン転職では何を優先させるかを取捨選択していくことになりますが、誰しもに当てはまる「絶対解」というのが存在しません。失敗したくないという思いから、絶対解を求めようとすると自分の望んでいたゴールにたどり着かないため、自分自身が満足できる

「納得解」をいかに見つけ出せるかが重要です。

例えば、都内で営業職をやっている年収600万円の人が同じ都内の営業職で年収700万円にしたいという場合は、条件がとてもシンプルであり、求人票もたくさん出回っているので比較的すぐに転職できます。

しかし、Uターン転職にはクリアしなければならない条件や希望がさまざまあるので、こんなにシンプルではありません。そもそも仕事のことだけでなく、引っ越し先の家のことや子どもの学校、習い事、両親との付き合いなどを同時並行で進めることになります。優先順位はあるにせよ、どれ一つとして疎かにはできないので、おのずと複雑になっていきます。

誰かが決めた答えを探すのではなく、自分だけのオンリーワンの幸せを見つけることが大事です。

転職は目的ではなく、幸せになるための手段

Uターン転職というのは、地元で仕事を探して転職することが目的ではなく、幸せになるための手段であることを忘れないことが大事です。転職することが目的になると、こだ

わりがなくなり、地元に戻りさえすればいいとなってしまいがちです。

仕事を選択するだけなら、年収の良いほうやお得なほうを取ればよいのですが、それで自分が後悔せず、幸せになれるかというと、そうではないはずです。

転職活動に行き詰まると、どうしても「早く仕事を決めたい」という思いと、「本当の幸せって何だ」という思いとのせめぎ合いになります。人の意見を聞くたびに、家族に何か言われるたびに、気持ちがあっちに傾いたりこっちに倒れたりして揺れてしまうこともあります。

Uターン転職はスムーズにいくことのほうが珍しく、みんなが同じ悩みや揺らぎを経験するものです。その揺らぎが起こったときに、「いや、やっぱり自分はこうする」と立て直すためには、強い軸が必要です。

転職活動を海にたとえるなら、あなたは小舟です。さまざまな波や嵐がやって来て、あちこちぶつかったり、ゆらゆら揺れたりします。しかし、太くて強い帆があれば風を受け止めて、前に進んでいけます。

この太くて強い帆が、転職に対する「信念」であり「軸」に当たります。自分がどう生きていくか、どんなキャリアを築いていくか、仕事を通してどんな自分になるか——高く帆を揚げて、力強く前に進まなければなりません。

あなたにも「幸せのUターン転職」が待っている

私は最も幸せなUターン転職のかたちは、「都会でも幸せだったけれど、地元に帰ったらもっと幸せだった」と思えることだと思っています。どこに住んでも幸せにはなれるけれども、やっぱり地元はいいよねと言ってもらうことができたら、Uターン転職として成功したと感じます。

Uターン転職では、仕事だけ100点満点の転職先が見つかっても不十分で、その人の私生活も含めて100点満点を目指さなくてはなりません。そこが難しいところでもあり、やりがいのあるところでもあります。

転職相談のカウンセリングや自己理解を促す際のコーチングでは、クライアントの人生や背景にも触れます。その人がどういう人生を歩んできたのか、何を大事にしていて、これからどうなりたいと思っているのか、人とは違うどんな特性をもっているのかなど、その人を丸ごと理解したいと思っていつも面談をしています。

そうやって対話していると、その人に合った職場やポジションなど、さまざまなアイデアやインスピレーションが生まれてきます。

逆にこちらを信用して話してもらえないと、アイデアやインスピレーションが働きません。これは私だけでなく転職エージェントをしている人はみんなそうだと思います。

ですから、自分が叶えたいことがあれば、どんどんエージェントに情報開示して質問したり要望したりするべきです。

転職活動は孤独であってはいけません。エージェントにおんぶに抱っこでもいけませんが、借りられる知恵やサポートは受けて、エージェントと二人三脚で最善策を見つけていくことが必要です。

転職が叶って1年、5年、10年と経ったとき、「Uターン転職は自分にとってベストな選択だった」と笑えるように、妥協なく夢を追いかけてほしいと思います。

おわりに

30代というのはUターン転職する・しないは別として、人生を考えるにふさわしい節目だと思います。人生100年時代といわれますが、元気で動ける健康寿命は70歳ですから、そう考えると30代がちょうど折り返し地点になります。ここでこの先をどう生きるかを考えておくことは、とても大事なことだと考えます。

30代まではみんな若さと勢いで走ってこられるものです。気の向くまま走ってみて、違うと思ったらやり直しや軌道修正もできます。しかし、30代後半以降になると、キャリアを再構築するのは難易度が上がります。家族や仲間がいれば自分だけの問題ではなくなるからです。

『論語』には「四十にして惑わず」とあります。40歳になると心に迷いがなくなるという意味ですが、これは30代のうちに而立《じりつ》(物事の基礎を固める)があってこそです。30代で而立ができていなければ、その先は迷いながら惰性で進む人生になってしまうかもしれません。

人生の後半をいかに生きるか、定めるのは今です。この30代という時期を、Uターンという選択肢を考えてみることで自分と向き合うことに使うのも決して無駄でありません。私も家族と新潟で暮らすと決めて、今の会社を起業したのが32歳のときでした。この先の人生をどう生きていくかを考えたとき、独立して自分の力を試してみたいと思いました。そのときの選択は間違っていなかったと今も確信しています。

誰もがそうやって人生を選び取っていきます。何かを選ぶということは何かを捨てるということでもあるので勇気がいりますが、前に進むためには必要です。まだ人生の選択肢が多くある30代なら、自分にとってのベストな選択をしていけるはずです。

30代という人生の節目を大切に、家族とも対話しながらこれからの長い道のりを進んでほしいと思います。本書が、その伴走者となれば幸いです。

2022年2月

江口勝彦

江口勝彦（えぐち　かつひこ）

1978年生まれ。静岡東高校から千葉大学教育学部に進学、2002年卒業。東京日産自動車販売に入社（関東実業団バスケットボール所属）。2003年、新潟アルビレックスBBに入団。翌年にABA（米マイナーリーグ）挑戦のため渡米。2005年に現役を引退。その後、妻の地元である新潟に定住し、リクルート新潟支社にてセカンドキャリアをスタート。自身が地方転職した経験を活かし、2010年に地方特化型の人材紹介会社エンリージョンを設立（リージョナルスタイル加盟）。現在は経営者でありながら、キャリアコンサルタントとして人材紹介や採用代行、転職支援などのサービスを提供している。

本書についての
ご意見・ご感想はコチラ

30代から地元で暮らす
幸せのUターン転職

二〇二二年二月二八日　第一刷発行

著　者　江口勝彦
発行人　久保田貴幸
発行元　株式会社　幻冬舎メディアコンサルティング
〒一五一-〇〇五一　東京都渋谷区千駄ヶ谷四-九-七
電話　〇三-五四一一-六四四〇（編集）
発売元　株式会社　幻冬舎
〒一五一-〇〇五一　東京都渋谷区千駄ヶ谷四-九-七
電話　〇三-五四一一-六二二二（営業）
印刷・製本　中央精版印刷株式会社
装　丁　加藤綾羽

検印廃止

Printed in Japan　ISBN 978-4-344-93721-5 C0036
幻冬舎メディアコンサルティングHP　http://www.gentosha-mc.com/